행이 깨끗하면 복은 저절로

범왕사 소장본 제법집요경 풀이

행이 깨끗하면 복은 저절로

금하원욱 기획 · 옥당일휴 역주

온주사

간행연기

소납이 출가한 지 어언 50여 성상을 넘기고 있습니다. 항상 수행과 포교 그리고 불사를 위한 도정에 서서 늘 많은 생각과 고민을 해오곤 했습니다.

근기가 수승한 사람은 참선을 하고, 보통정도 되는 사람은 경전을 보고, 근기가 아래인 사람은 염불과 주력으로 수행해야 한다고 대덕스님들께 귀가 닳도록 들어왔습니다.

소납은 앞선 대덕스님들의 옥조玉條 같은 말씀을 잊지 않고 있습니다. 그런 까닭에 작금과 같은 말세에는 중생의 근기가 너무 낮아 기도와 주력을 바탕으로 참선도 하고 수행을 해야 한다고 생각하곤 했습니다.

그래서 소납은 범왕사와 인연을 맺은 이래 줄곧 매년마다 신도님들과 업장소멸기도(49일간)를 봉행했습니다. 3년을 지내고 4년차에 접어들던 어느 날 참으로 희유하고 희유한 일이 일어났습니다.

문중의 사제師弟스님이 소납에게 안부인사 차 찾아와서 차담을 나누던 중 "범왕사를 창건한 지 얼마 되지 않기에 사찰답게 사격寺格을 갖추기 위해서는 방편으로나마 문화재 한 점 정도

필요할 것 같으니…"라고 농담하듯 말을 던지고서는 경전 한 권을 내놓는 것이었습니다. 그리고선 "문화재 지정 신청을 한번 해보라"고 일러주고 돌아갔는데, 아니나 다를까 이 경전이 경기 도 유형문화재로 등록되는 기연機緣을 맞이한 것입니다.

이 문화재가 바로 『제법집요경諸法集要經』 제6권에 해당하는 경전입니다. 이 경전의 판본은 1244년에 판각한 재조再雕 고려 대장경판에서 찍어낸 13세기 후반 내지 14세기 초반의 것으로 매우 희귀하고도 귀중한 판본입니다.

소납이 이 경전의 내용을 자세히 살펴본즉 업장소멸과 복을 짓는 내용으로 가득 차 있습니다. 복을 지음으로써 삼악도三惡 道를 벗어나 천상에 태어나고 궁극에는 부처가 된다는 참으로 귀중한 가르침으로서 중생의 삶을 일깨워 주기에 부족함이 없 습니다.

그렇기에 이 경전의 내용은 소납이 평소에 늘 고민했던 생각 그대로였습니다. 어찌 환희심으로 충만하지 않을 수 있었겠습 니까.

금강경은 "삼천대천세계에 가득 찬 칠보로 보시한 공덕보다 이 반야바라밀경에서 사구게 등이라도 받아 지니고 읽고 외우 며 다른 사람을 위해 설법해준다면 그 공덕이 더 수승하다"고 가르치고 있습니다.

이 경전의 내용은 무릇 금강경만이 아니라 부처님의 말씀이 담긴 경전을 수지독송하고 남에게 설해주는 행위가 얼마나 큰 공덕인가를 한마디로 가르쳐주는 가르침이라고 할 수 있습니다.

하물며 경전을 책으로 간행해 일체 대중이 부처님의 말씀을 언제나 어디서든 배우고 익힐 수 있도록 마음을 내는 수승한 공덕을 어찌 말로 다 표현할 수 있겠습니까.

이 경전을 국문한글로 번역해 비로소 대중 앞에 내놓게 된 소이가 그와 같습니다. 이 경전의 간행불사가 원만하게 이루어지도록 국역에 심혈을 기울여주신 옥당일휴 스님과 기쁜 마음으로 추천사를 써주신 평소 존경해 마지않는 동국대부속여고 김형중 교장법사님께 마음 깊이 감사드립니다. 아울러 이 책이 출간되기까지 기획은 물론 물심양면으로 마음을 보태주신 동국대 사찰경영과정 주임교수인 하춘생 박사와 어려운 시기임에도 선뜻 출간에 응해주신 운주사 김시열 대표를 비롯한 편집진 여러분께도 고마운 마음 큽니다. 도움주신 대덕스님들과 불자 제현님께 거듭 감사드립니다.

나무마하반야바라밀.

불기 2563(2019)년 5월
범왕사 심휴당에서 금하원욱 합장

7

『제법집요경』의 경전상의 가치

김형중

(동국대학교 사범대학 부속여자고등학교 교장, 문학박사, 장서가)

1. 인류의 정신문명사와 인쇄문화를 주도한 종교성전 간행불사

모든 종교의 근본경전을 성경聖經 또는 성전聖典이라고 한다. '성스러운 책'이라는 뜻이다. 불교에서는 '수트라 또는 수따(대장경)', 기독교에서는 '바이블(신약·구약성경)', 유교에서는 '사서삼경四書三經'이라고 부른다. 중국에서는 책 중의 최고의 책을 경經 또는 서書라고 하였고, 따라서 유교의 경전經典·경서經書는 사서삼경으로 불리게 된 것이다. 책의 권위를 높이기 위하여 성경聖經·경전經典·경서經書라고 하였고, 기독교에서는 처음에는 신약전서·구약전서라고 부르다가 '성경聖經'으로 통일해 호칭하게 된 것이다.

불교에서는 자연스럽게 불교경전이라 하였고, "부처님의 지혜의 가르침이 엄청나게 많이 저장되어 있는 경전"이란 구체적인 의미를 담아서 '대장경大藏經'이라 부르게 되었다. 부처님의 가르침이 팔만사천법문이고, 해인사에 봉안되어 있는 고려대장경판의 숫자가 81,258판이므로 '팔만대장경'이라고 부른다.

원래 불교경전(대장경)이라 함은 부처님의 말씀인 경장經藏·율장律藏과 논사들이 경전을 해설한 논장論藏 등 삼장三藏만을 뜻했으나, 중국을 비롯한 각 나라에서 대장경을 편찬하면서 자기 나라 고승들의 저술과 문집, 불교 역사서 등을 편입시키면서 불교 전반의 대표적인 저술까지 포함하고 있다.

책의 제작 역사를 보면 기독교의 최초 바이블도 넓적한 나뭇잎인 파피루스에 기록되었고, 불교의 패엽경貝葉經도 나뭇잎에 기록되어 전래되었다. 중국에서는 대나무 껍질(靑皮)이나 죽간竹簡, 나무토막(木片)을 넓적하게 다듬어서 그 위에 글씨를 새겨 책册을 만들었다. 그러다가 중국 후한 때 채륜(蔡倫, ?~121)이 종이를 발명하면서 기록하는 문화가 발달하고, 책이 대량 생산되어 지식정보가 급속하게 일반대중에게 보급되었다.

처음에는 종이나 나뭇잎·나무판 등에 직접 칼이나 붓으로 새겨서 만든 필사본筆寫本이었고, 이후 나무목판에 새겨서 한지와 먹으로 목판본木版本을 인경引經 또는 인출印出하였다. 그러다가 금속활자가 발명되어 활자본活字本 책이 만들어지면서 인류문명은 비약적인 발전을 하게 된다. 그래서 인류문명의 3대 발명품으로 종이·금속활자·화약을 들고 있는 것이다.

책은 인류문화의 꽃이다. 책은 인간이 만들어 낸 문화를 언어

문자를 통하여 저장하고 계승함으로써 인간의 정신세계를 발달시켜 인류문명을 주도해 왔다. 책의 역사는 인류의 정신문명사이고 학문과 지식정보의 역사이다. 책의 역사를 보면 동서양이 각 종교의 성전에서 비롯되었음을 알 수 있다.

독일이 자랑하는 유네스코 지정 인류기록문화유산인 쿠텐베르크판 성경은 서양에서 최초로 금속활자로 찍은 책이다. 하지만, 1377년 고려 우왕 때 청주 흥덕사에서 간행된 현존하는 세계 최고의 금속활자본인 『직지심경』이 발견됨으로써 '세계 최초의 금속활자' 타이틀을 우리나라에 양도하였다.

1966년 불국사의 석가탑을 해체 보수하는 중에 발견된 세계 최고의 목판 인쇄본인 '무구정광대다라니경'과 함께 해인사의 팔만대장경은 세계 인쇄문화와 기록문화사에서 최고의 자랑이다.

우리나라는 세계기록문화유산으로 지정된 문화재가 현재 16종으로, 세계에서 세 번째로 많은 기록문화유산을 보유하고 있다. 이 사실은 우리나라가 세계 정신문화사와 인쇄문화, 책의 역사에서 최상의 위치에 있었다는 증거가 된다. 우리나라는 책을 가장 사랑하는 책의 나라요, 기록의 나라인 것이다.

특히나 불교경전은 부처님의 진리의 말씀이 기록된, 삼보三寶 가운데 법보法寶이다. 우리 불자들은 불교경전을 부처님과 동일하게 신앙의 대상으로 삼고 귀중하게 모셨다. 그 결과 불교성전을 가장 잘 보전하고 유지 보수하고 있는 세계 최고의 나라가 된 것이다.

2. 인류 기록문화의 보배, 고려 팔만대장경

최초의 대장경 판각은 중국 북송北宋 때의 관판대장경(官版大藏經, 971~983)인데, 이것이 판각되어 고려에 전달되었다. 불교국가였던 고려는 대장경 간행을 준비하였다가 고려 현종 때 거란이 침입해 오자 부처님의 가호로 적을 물리치기 위하여 우리나라에서는 최초로 대장경을 판각했다. 이를 고려 초조대장경이라고 한다.

대구 부인사에 보관되었던 초조대장경은 고종 19년(1232) 몽골의 침입을 받아 경주 황룡사구층목탑과 함께 불타고 말았다. 현재 일부 남아 있는 경전은 일본에 있으며 모두 국보급이다. 중국 북송의 관판대장경도 현재 모두 소실되었기 때문에 초조대장경과 재조대장경을 통해서 그 내용을 짐작할 수밖에 없다. 따라서 현존하는 세계에서 가장 오래된 해인사 고려대장경의 가치가 높다.

최우崔瑀의 무인정권은 몽골이 침입해 오자 또다시 부처님의 가피로 외적을 물리치기 위하여 강화도로 천도한 뒤 대장도감을 설치하고, 남해에서 고종 23년(1236)에 착수하여 1251년에 재조대장경을 완성하였다. 이것이 해인사에 봉안하고 있는 팔만대장경 또는 재조대장경이라고 불리는 대장경이다.

　고려대장경은 세계기록문화유산일 뿐만 아니라 경판을 보관하는 경판 저장창고인 판전板殿이 세계문화유산(1995년)에 지정되어 유일하게 문화유산과 기록문화유산(2007년)을 겸하고 있는 인류의 최고 보배 중의 보배이다.

　고려 재조대장경은 초조대장경 판본과 송나라 관판대장경 판본, 거란판 대장경판본 등을 대조 검토하여 오자, 탈자, 누락된 글자 등을 보충하고 바로 잡아서 내용의 정확성과 글자체의 아름다움(북송의 관판대장경을 모본으로 삼음), 목판 제작의 정교함에 있어 대장경 판각사에서 최고의 걸작으로 평가받고 있다. 1925년 일본이 활자판으로 간행한 '대정신수대장경'의 모본이 되었다.

　이는 우리나라 민족정신사, 학술사, 목판인쇄사에서 가장 큰 쾌거이다. 동북아시아 한자문화권에서 이룩한 정신문화사의 최고 결정체로 인류문화의 금자탑이다.

3. 『제법집요경』이 보유한 법보法寶의 가치

경기도 양평에 소재한 범왕사 소장본인 『제법집요경』은 2018년 4월 30일 경기도 유형문화재(제322호)로 지정된 국가문화재이다. 명칭은 '재조본 제법집요경 권6'이다. 이 판본의 책 말미 간기刊記에 '갑진세甲辰歲 고려국대장도감봉칙조조高麗國大藏都

監奉勅彫造'라고 찍혀 있다. 1244년에 판각板刻한 고려 재조대장경(고려대장경) 판목板木을 인경引經한 것이다.

우리나라 책의 역사를 살펴볼 경우 필사본을 제외하면 현존하는 가장 오래된 책은 대다수 고려 말기에 간행된 것이다. 국보나 보물로 지정된 문화재급 책이다. 물론 통일신라 때 목판본 경전인『무구정광대다라니경』(두루마리본)과 고려 말기의 금속활자본『직지심경』이 있다.

조선 초기에는 유교국가이고, 대장경을 인경하기 위해서는 방대한 종이(재화)와 인력이 동원되기 때문에 고려대장경의 인경(간행)은 드물었고, 더욱이 몇 차례의 전란을 통하여 거의 소실되고 말았다. 오히려 일본에 일부가 보존되어 있다.

2016년 동국대학교 개교 110주년기념으로 일본 오타니대학에서 소장하고 있는 '가장 오래된 팔만대장경 판본, 대반야바라밀다경 권10'이 간행 후 600년 만에 한국으로 들어와 동국대학교 박물관에서 전시한 바 있다.

범왕사본『제법집요경』은 '절첩본折帖本 고려대장경본(재조대장경본)'으로는 매우 희귀하고 오래된 목판본이다. 이 경전은 인경引經한 해를 명기하지 않았기 때문에 정확한 간행시기를 알 수 없다. 다만 종이의 질과 인쇄상태, 책을 제본하고 장식한 형태에 따라 간행시기를 추정할 뿐이다.

불교경전을 삼보 가운데 법보法寶라고 한다. 부처님의 가르침

인 말씀을 부처님(불보)과 동일하게 신앙의 대상으로 삼는 것이다. 그래서 불탑佛塔을 조성할 때 탑 속에 부처님의 사리舍利를 봉안해야 하는데 사리가 제한되어 있으므로 대신 불교경전을 봉안하고 있다.

팔만대장경은 법보 중의 법보이다. 『제법집요경』은 고려시대에 인경한 팔만대장경 중에서 현존하는 가장 오래된 대장경 중의 하나이다. 『금강경』, 『법화경』, 『화엄경』 등 수많은 경전을 수지독송하고, 읽고 쓰는 간경看經 서사書寫하고, 남을 위하여 경전을 설명해주고, 남이 읽을 수 있도록 경전을 간행하는 홍법 공덕은 삼천대천세계에 칠보를 가득 채워 보시한 공덕보다도 크다고 하였다.

범왕사 주지이신 원욱 대화상께서 진귀한 고려 재조대장경 목판본 『제법집요경』을 구하여 경기도 유형문화재로서 범왕사의 보물로 지정한 것은 시방세계에 두루 하신 불보살님이 칭찬하고 음우陰佑하실 일이다.

『제법집요경』은 "작은 허물을 막지 않으면 지옥에 떨어지는 원인이 되나니 작은 불씨라도 산을 태워버릴 수 있는 것과 같네", "나의 행위는 화가와 같아서 온갖 형상을 마음대로 그리니 어떤 사람이든 자신이 지은 업보는 피할 수 없네" 등 우리 불자들에게 복덕을 쌓고 죄업과 업장을 소멸시킬 것을 권하는 천금 같은 금구성언金口聖言들로 가득 차 있다.

불교경전에 "눈이 먼 거북이가 망망대해에서 떠돌다가 천 년 만에 널판지를 만난 것처럼 사람으로 태어나기가 어렵고, 또 부처님의 가르침(불경)을 만나기가 또한 그만큼 어렵다"고 하였다.

이 경전의 인연공덕으로 모두가 보리심을 일으키고 정진하여 성불하시기를 불보살님 전에 발원한다.

일러두기

1. 이 책은 관무외존자觀無畏尊者가 집집하고 일칭등봉日稱等奉이 조역詔譯한 한역본 『제법집요경諸法集要經』 권제6의 제13「복비복업품福非福業品」, 제14「교시중생품敎示衆生品」, 제15「설죄품說罪品」의 내용을 국역國譯하고 주해註解한 것이다.

2. 이 책의 한역본 원전은 경기도 양평군 지평에 소재한 범왕사 소장본으로서, 판본의 가치와 희귀성을 인정받아 2018년 4월 30일 경기도 유형문화재 제322호로 지정되어 있다.

3. 이 경전의 판본은 권말에 '갑진세고려국대장도감봉 칙조조甲辰歲高麗國大藏都監奉 勅彫造'라고 새겨 있어 갑진세(1244)에 판각한 고려대장경판에서 찍어낸 판본임을 확인해준다. 지질紙質과 인쇄상태 그리고 장정裝幀이 절첩본折帖裝으로 되어 있는 점 등으로 보아 13세기 후반에서 14세기 초반인 고려 충렬왕 대(1274~1308)에 간행된 매우 희귀稀貴한 판본으로 추정된다.

4. 이 책의 주해註解는 다음과 같은 문헌을 참고했다.
    ①『상윳따 니까야』②『디가 니까야』③『맛지마 니까야』
    ④『앙굿따라 니까야』⑤『잡아함』⑥『밀린다팡하』⑦『대품반야경』
    ⑧『아미타경』⑨『청정도론』⑩『법구경 주석서』
    ⑪『아비달마 길라잡이』⑫『아비달마구사론』⑬『변중변론』
    ⑭『가산불교대사림』⑭『한국민족문화대백과사전』
    ⑮『원불교대사전』⑯『한국고전용어사전』
    ⑰위키백과(www.wikipedia.org) ⑱각묵스님 지음,『초기불교 이해』
    ⑲월폴라 라훌라 원저, 전재성 역저,『붓다의 가르침과 팔정도』
    ⑳곽철환 편저,『시공불교사전』㉑하춘생 지음,『붓다의 제자 비구니』

복비복업품 제13

福非福業品第十三

1.

所造作諸業은 謂福及非福한대
소 조 작 제 업   위 복 급 비 복

能縛諸有情하여 定各招其報로다
능 박 제 유 정   정 각 초 기 보

지어진 모든 업業[1]은

---

1 빠알리어 kamma, 산스끄리뜨어(범어) karman. 갈마羯磨라고 음역한다.
   빠알리 경전인 『앙굿따라 니까야』 6:63 「꿰뚫음의 경(Nibbe dhika sutta)」
   에 의하면 업은 의도(cetana)이다. 모든 존재는 의도意圖를 통해 몸(신身)
   과 말(구口)과 뜻(의意)으로 짓는 행위를 만들어내기 때문이다. 따라서 의
   도 내지 의지가 없는 행위는 업에 적용받지 않는다. 또한 업은 원인이지
   결과가 아니며, 심판주관자가 존재하지 않아 보상이나 형벌이라고 할 수
   없다. 어디에도 저장되지 않거니와, 적합한 환경(조건)과 결합될 때 비
   로소 결과로 나타난다. 이에 따르면 악행이 드러나지 않도록 하는 방법
   은 선을 행하는 일뿐이다. 업은 선업善業과 악업(惡業: 불선업)으로 구분되
   는데, 악업이 나타나게 되는 기준과 원천은 탐·진·치貪瞋癡 삼독三毒이
   다. 삼독에 의해 신·구·의 삼업三業이 일어나고, 삼업은 다시 열 가지 업
   (십업十業)으로 나타난다. 몸으로 짓는 신업은 살생殺生·투도偸盜·사음邪
   淫 세 가지, 입으로 짓는 구업은 망어(妄語: 거짓말)·악구(惡口: 언어폭력)·

복福과 비복非福으로 일컫는데

모든 유정有情²을 얽어맬 수 있어서

정녕코 각기 과보를 부른다

2.

愚夫心如魚라서　　**依愛波而住**하여
우 부 심 여 어　　　　의 애 파 이 주

含笑造諸惡하고　　**悲啼而自受**니라
함 소 조 제 악　　　　비 제 이 자 수

어리석은 범부는 마음이 물고기 같아

갈애渴愛³의 물결을 따라 살면서

양설(兩舌: 이간질)·기어(綺語: 사기) 네 가지, 뜻으로 짓는 의업은 탐욕(탐貪)·악의(진瞋)·삿된 견해(치癡) 세 가지다. 악업을 행하지 않는 의도적·의지적 행위가 선업이다.

2　빠알리어 satta, 산스끄리뜨어 sattva 또는 pudgala. 중생衆生과 같은 말이다. 감정을 지닌 모든 생명체 또는 번뇌에 얽매여 있는 미혹한 모든 존재를 말한다.

3　빠알리어 taṇhā, 산스끄리뜨어 tṛṣṇā. 심한 갈증으로 물을 애타게 찾는 것처럼 몹시 탐내어 집착하는 욕망을 뜻한다. 『상윳따 니까야』 56:11에 의하면 갈애渴愛는 쾌락과 욕망을 수반하며 여기저기서 쾌락을 찾아 헤매고 윤회로 이끈다. 갈애에는 감각적 욕망에 대한 갈애(욕애欲愛), 다시 태어남에 대한 갈애(유애有愛), 다시 태어나지 않겠다는 갈애(무유애無有愛)가 있다.

웃으면서 이런저런 악업을 짓다가는
슬피 울면서 스스로 과보를 받는다

3.

昔同造諸罪한대　　謂僕使營從하여도
석 동 조 제 죄　　　위 복 사 영 종

後受其苦報에　　　彼則無相對리라
후 수 기 고 보　　　피 즉 무 상 대

지난날에는 함께 여러 죄업을 지음에

하인으로 하여금 도모하고 따르게 하였어도

훗날 괴로움의 과보(고보苦報)를 받음에는

저들 중 나를 대신할 이 없으리라

4.

由親眷朋屬으로　　和合造衆罪인대
유 친 권 붕 속　　　화 합 조 중 죄

於他世相隨는　　　唯所作惡業이로다
어 타 세 상 수　　　유 소 작 악 업

친한 권속이나 벗들로 하여

어울려 갖은 죄업을 지었으나

저 세상에 따라갈 것은

오직 지어진 악업뿐이다

5.

如花所至處에   其香不捨離러니
여 화 소 지 처   기 향 불 사 리

善惡業亦然하여   在處常隨逐하니라
선 악 업 역 연   재 처 상 수 축

꽃이 이르는 데마다
향기를 여의지 않는 것처럼
선업도 악업도 역시 마찬가지로
머물러 있는 곳에 늘 따른다

6.

衆生由自業일새   因果常相應하여
중 생 유 자 업   인 과 상 상 응

作善生諸天하고   而受殊勝樂이리라
작 선 생 제 천   이 수 수 승 락

중생들은 자신이 지은 업業으로 하여
인과因果가 늘 서로 따르기에
선업을 지으면 하늘에 태어나서
수승한 즐거움의 과보(낙보樂報)를 받는다

7.

若惡業果報는	則受極重苦한대
약 악 업 과 보	즉 수 극 중 고
墮三惡趣中하면	彼苦無相似리라
타 삼 악 취 중	피 고 무 상 사

악업을 짓는다면 그 과보는

극심하게 거듭되는 고보苦報를 받는데

지옥 아귀 축생도[4]에 떨어지면

그 고통은 견줄 바가 없으리라

8.

謂由彼三業하여	造作遍三界하니
위 유 피 삼 업	조 작 변 삼 계
常起於三毒하면	則墮三惡道리라
상 기 어 삼 독	즉 타 삼 악 도

저 신身 구口 의意 삼업으로 하여

---

4 지옥·아귀·축생도는 중생이 윤회하는 욕계오취欲界五趣 가운데 악업의
과보로 태어나는 악취(악도) 3곳을 일컫는다. 욕계오취는 지옥·아귀·축
생·인간·천상 등 5곳의 세계를 가리킨다. 지옥·아귀·축생을 삼악도三惡
道라 하고, 인간·천상을 이선도二善道라 한다. 후기경전에서는 축생과 인
간 사이에 '아수라'라고 하는 악도를 더해 육취六趣 또는 육도六道라고 기
술하고 있다.

두루 욕계欲界 색계色界 무색계無色界[5]에서 지어 대어

늘 탐貪 진瞋 치癡 삼독심을 일으키면

삼악도三惡道 떨어질 것이다

---

5 욕계·색계·무색계는 불교 우주관에 의한 세계로서 수미산 둘레에 위치
하고 있다. 삼계三界라고 한다. 욕계는 수미산 아랫부분에, 색계는 그 중
간부분에, 무색계는 그 꼭대기에 위치한다. ①욕계에 사는 존재(욕유欲有:
kāma-bhava)는 지옥·아귀·축생·수라·인간과 하늘에 사는 거친 육체를
지닌 감각적 쾌락의 존재(육욕천)를 가리킨다. 욕계에 사는 모든 존재들은
욕망의 생활을 하면서 업을 짓는다. ②색계에 사는 존재(색유色有: rūpa-
bhava)는 선정(禪定: 삼매)의 깊이에 따라 4층의 계층구조로 이루어져 있
다. 즉 초선(初禪: 범중천梵衆天·범보천梵輔天·대범천大梵天)-이선(二禪: 소광천
少光天·무량광천無量光天·극광천極光天)-삼선(三禪: 소정천小淨天·변정천遍淨天·
무량정천無量淨天)-사선(四禪: 광과천廣果天·무상유정천無想有情天·무번천無煩天·
무열천無熱天·선현천善現天·선견천善見天·유정천有頂天=색구경천色究竟天)에 이
르기까지 명상의 깊이를 조건으로 홀연히 생겨나는 화생化生의 존재를
의미한다. 색계는 더 이상 욕망을 모르고 정신적인 즐거움만 느끼는 신들
이 사는 범천의 세계이다. 무번천·무열천·선현천·선견천·유정천(색구
경천) 등 5곳의 색계4천은 달리 정거천淨居天이라고도 한다. ③가장 높은
단계인 무색계의 존재(무색유無色有: arūpa-bhava)는 계층구조가 없고 비물
질적인 사천四天, 즉 공무변처천空無邊處天-식무변처천識無邊處天-무소유
처천無所有處天-비상비비상처천非想非非想處天에 이르기까지 명상의 깊이
를 조건으로 화현하는 무형상의 세계를 말한다. 이곳은 모든 물질적인 공
간이나 조건에서 완전히 벗어나 있는 세계로서, 육체도 없고 욕망도 없는
순수한 정신적인 존재들이 사는 곳이다.

9.

諸愚夫異生은   由因和合이라서
제 우 부 이 생   유 인 화 합

流轉三界中하여   皆隨於自業하니라
유 전 삼 계 중   개 수 어 자 업

뭇 어리석은 범부나 업보 중생들은

갖은 인연의 결합으로 하여

욕계 색계 무색계에 흘러 다니면서

모두 자기 자신이 지은 업을 따른다

10.

非自作他受하고   非他作我受하니
비 자 작 타 수   비 타 작 아 수

當知所造業하라   招報唯決定을
당 지 소 조 업   초 보 유 결 정

자신이 지은 것은 남이 받지 않음에

남이 지은 것은 내가 받지 않는다

알지 않으면 아니 되느니, 지어진 업은

과보를 부름이 결정되었음을

11.

業雖有衆多여도　　受處有其九라
업 수 유 중 다　　수 처 유 기 구

由彼互相資로　　成四十種惡하니라
유 피 호 상 자　　성 사 십 종 악

업이 비록 많다고 해도

받는 곳은 아홉 군데라

저들이 서로 도움으로 하여

마흔 가지 악업을 만든다

12.

自造作一業하면　　定受其一報하니
자 조 작 일 업　　정 수 기 일 보

墮於險道中하면　　則無其伴侶리라
타 어 험 도 중　　즉 무 기 반 려

스스로 한 가지 업을 지으면

정녕코 한 가지 과보를 받느니

험난한 길에 떨어질 적에

반려자는 아무도 없으리라

13.

或爲他勸請하고	而造作惡業한대
혹 위 타 권 청	이 조 작 악 업
後受苦報時에	彼則不能救니라
후 수 고 보 시	피 즉 불 능 구

어떤 사람이 남의 부탁을 받고

악업을 짓고 나서

훗날 괴로운 과보를 받을 적에는

부탁한 사람도 구해주지 못한다

14.

業熟非初後하고	及此生他世라
업 숙 비 초 후	급 차 생 타 세
謂於此造作하면	或於餘處受니라
위 어 차 조 작	혹 어 여 처 수

업이 익숙해짐은 처음부터도 끝에 가서도 아니고

이 세상에서만도 저 세상에서만도 아니다

여기서 짓고 나서

때로는 다른 곳에서 받기도 하여서이다

15.

由善惡業故로　　隨輪迴流轉하니
유 선 악 업 고　　수 윤 회 유 전

爲業風所吹하여　　而招苦樂報로다
위 업 풍 소 취　　이 초 고 락 보

선업이나 악업으로 말미암아

윤회하고 유전流轉하는 삶을 따르니

업의 바람이 불어대기 때문에

고보苦報와 낙보樂報를 초래한다

16.

愚夫心散亂하여　　於欲常樂著하니
우 부 심 산 란　　어 욕 상 락 착

無正慧揀擇하여　　諸惡則增長하리라
무 정 혜 간 택　　제 악 즉 증 장

어리석은 범부는 마음이 산란하여

애욕에서 늘 즐겨 노닐으니

불변의 지혜로 가리지 못하여

갖은 악업만 늘어난다

17.

彼著樂衆生은　　爲癡之所覆하여
피 착 락 중 생　　위 치 지 소 부

惡報現其前하면　　則墮黑暗處리라
악 보 현 기 전　　즉 타 흑 암 처

저 쾌락에 집착하는 중생들은

어리석음이 덮이기 때문에

악한 과보가 그의 앞에 나투게 되면

흑암지옥**6**에 떨어지고 말 것이다

6　명부시왕冥府十王 가운데 열 번째 시왕인 오도전륜대왕의 심판에 통과하
지 못한 중생들이 떨어지는 어둠 속의 지옥이다. 사람이 죽으면 3일간 이
승에서 머물다가 명부사자冥府使者의 안내로 명부로 간다고 믿는데, 이때
명부에서 죽은 자의 죄를 심판한다는 열 명의 왕이 바로 명부시왕이다.
순서대로 기술하면 진광대왕秦廣大王·초강대왕初江大王·송제대왕宋帝大
王·오관대왕五官大王·염라대왕閻羅大王·변성대왕變成大王·태산대왕泰山
大王·평등대왕平等大王·도시대왕都市大王·오도전륜대왕五道轉輪大王, 혹
은 전륜대왕이다. 이 중 다섯 번째인 염라대왕이 시왕 중 우두머리다. 죽
은 자는 시왕의 순서대로 7명의 대왕에게 각각 7일씩 49일 동안 심판을
받고서 그 결과에 따라 육취(六趣, 육도六道)에 다시 태어나게 된다. 하지만
생전에 죄업을 많이 지은 자는 49일 이후 3명의 대왕에게 다시 심판을 받
게 되는데, 죽은 후 100일 되는 날은 제8 평등대왕, 1년 되는 날에는 제9
도시대왕, 3년 되는 날에는 제10 오도전륜대왕의 심판을 받아 총 3년 동
안 명부시왕의 심판을 받는다. 여기서 알 수 있듯이 흑암지옥은 죽은 후
3년 되는 날에 제10 오도전륜대왕의 심판에도 통과하지 못한 중생들이

18.

由於佛正法하여   心不生欣樂하라
유 어 불 정 법   심 불 생 흔 락

在彼地獄中하면   長時受其苦리라
재 피 지 옥 중   장 시 수 기 고

붓다의 정법正法으로 하여

쾌락심을 내지 말아야 한다

저 지옥에 머물게 되면

떨어지는 지옥이라는 점에서, 천상계는 아예 불가능할뿐더러 인간계조
차 다시 태어나기를 거의 기대할 수 없는 지옥을 의미한다고 하겠다. 참
고로 『아비달마구사론』 「세간품」에 따르면 지옥은 팔열팔한지옥八熱八寒
地獄이 있으며, 팔열팔한지옥은 흔히 최종단계의 지옥이라고 일컬어지나
이보다 더욱 무거운 죄업의 과보로 떨어지는 지옥으로 기타지옥의 초반
지옥과 후반지옥이 있다고 한다. 팔열지옥은 등활지옥·흑승지옥·중합
지옥·규환지옥·대규환지옥·초열지옥·대초열지옥·아비지옥(무간지옥)
이고, 팔한지옥은 알부타지옥·니라부타지옥·알찰타지옥·학학파지옥·
호호파지옥·올발라지옥·발특마지옥·마하발특마지옥이다. 기타 지옥으
로, 초반지옥은 도산지옥·화탕지옥·한빙지옥·검수지옥·발설지옥·독
사지옥·거해지옥이고, 후반지옥은 철상지옥·풍도지옥·흑암지옥이 있
다. 이 팔열·팔한·기타 지옥들의 순서는 죄업의 무거움에 따라 더 깊은
나락으로 떨어지는 차례를 의미한다. 기타 초반의 거해지옥에서 판결이
난 중생들은 천상계로 갈 수 있지만, 거해지옥에서 기타 후반의 철상지옥
으로 넘어가는 순간 천상계의 문이 닫혀 후반 지옥의 중생들은 절대 천상
계로 갈 수 없고 최대한 노력해도 인간계 이하로밖에 갈 수 없다고 한다.

길이 고통을 받으리니

19.

從無始輪迴로	爲業網纏縛하여
종 무 시 윤 회	위 업 망 전 박
此滅彼復生은	皆由心造作이로다
차 멸 피 부 생	개 유 심 조 작

보리도菩提道[7]에 들지 못하고 윤회한 이래
업의 그물에 얽매었기 때문에
여기서 멸하고 저기서 거듭나고 함은
다 마음이 지음으로 말미암는 것이다

---

7 보리菩提는 빠알리어와 산스끄리뜨어 bodhi의 음사. 갈애를 남김없이 사라지게 하여 소멸하고 포기하고 버려서 더 이상 갈애에 집착하지 않고 갈애로부터 벗어난 경지를 말한다. 각覺·지智·도道라고 번역한다. 지혜로써 무명無明을 소멸시킨 깨달음의 경지, 분별이 끊어진 깨달음의 상태, 모든 현상의 본질을 꿰뚫은 깨달음의 지혜를 의미하기도 한다. 최상의 깨달음이라는 뜻에서 구경각究竟覺·무상각無上覺·정각正覺·대각大覺이라고도 번역되는데, 특히 더없이 높고 가장 올바른 깨달음이라는 뜻에서 무상정등정각(無上正等正覺: anuttara-samyak-saṃbodhi, 아뇩다라삼막삼보리阿耨多羅三藐三菩提)이라고 한다. 참고로 붓다가 깨달은 내용은 네 가지 성스러운 진리(사성제四聖諦), 열반으로 인도하는 여덟 가지 구성요소를 가진 성스러운 도(팔정도八正道), 괴로움의 발생구조(유전문流轉門)와 소멸구조(환멸문還滅門)를 통해 생사윤회의 모습을 나타내고 있는 십이연기十二緣起이다.

20.

或從天墮落하며	或地獄生天하고
혹 종 천 타 락	혹 지 옥 생 천
或生於人中하여	或受餓鬼報로다
혹 생 어 인 중	혹 수 아 귀 보

어떤 사람은 하늘에서 떨어지며

어떤 사람은 지옥에서 하늘에 나고

어떤 사람은 인간 세상에 나며

어떤 사람은 아귀보를 받는다

21.

謂彼苦樂因은	皆由己所造라
위 피 고 락 인	개 유 기 소 조
各互相生起라서	非自在天作이니라
각 호 상 생 기	비 자 재 천 작

저 고보苦報와 낙보樂報의 원인은

다 자기가 지음으로 말미암기 때문에

각기 서로 간에 인因이 되고 과果가 되는 것이지

자재천自在天[8]이 짓는 것이 아니다

---

8 대자재천의 준말이다. 빠알리어 Mahissara, 산스끄리뜨어 maheśvara. 색
계色界의 맨 위에 있는 색구경천(色究竟天: 有頂天)에 사는 천신이다. 눈은

22.

輪迴生死中에	造無數惡業은
윤 회 생 사 중	조 무 수 악 업

唯佛當證知라서	餘智不能了로다
유 불 당 증 지	여 지 불 능 료

생사윤회 중에

헤아릴 수 없이 악업을 짓지만

오로지 깨달음(佛)으로 자증自證할 수 있는 것이지

여타의 지혜로는 명료하게 알 수 없다

23.

若非法招善하면	此因爲顚倒여서
약 비 법 초 선	차 인 위 전 도

當知所受果는	皆與因相似임을
당 지 소 수 과	개 여 인 상 사

비법非法⁹으로 선한 과보를 받으려 한다면

세 개, 팔은 여덟 개, 흰 소를 타고 다닌다고 한다. 힌두교에서는 우주의
창조·유지·파괴의 과정에서 파괴를 담당한다는 시바(Śiva)를 가리킨다.
달리 마혜수라, 시바, 세주천世主天이라고도 부른다.

9 정법正法이 아닌 것 또는 진리가 아닌 것을 말한다. 해탈·열반·깨달음
으로 인도하지 않는 불선법不善法은 모두 비법에 해당한다. 모든 만들어
진 것은 끊임없이 변하는 것(무상無常)인데 영원하다고 착각하거나, 무상

이러한 인과는 전도된 것이어서

당연히 알아야 하느니, 받게 되는 과보는

다 원인과 같다는 것을

24.

若因果相應하면　　則順於正理여서
약 인 과 상 응　　　즉 순 어 정 리

是有爲諸法이　　　無不從緣起일세
시 유 위 제 법　　　무 부 종 연 기

원인(因)과 결과(果)가 서로 응하면

바른 도리에 순응함이라서

이는 유위有爲[10]의 모든 법이

하기 때문에 괴로운 것(고苦)인데도 즐거운 것으로 잘못 인식하거나, 무
상하고 괴로운 것이기 때문에 본질적으로 실체라고 할 만한 것이 없는 것
(무아無我)을 존재한다고 보는 그릇된 견해를 갖거나, 번뇌로 덮여 있는 존
재들은 본래 깨끗하지 못한 것(부정不淨)인데도 깨끗하다고 믿는 범부들
의 생각이나 행위는 모두 비법이다. 이와 같이 무상·고·무아·부정을 상
常·락樂·아我·정淨으로 보는 견해를 네 가지 뒤바뀐 생각이라 하여 '사
전도四顚倒'라고 한다. 이 상락아정을 대승불교에서는 법신法身과 열반涅
槃의 네 가지 덕德이라 하여 법신사덕法身四德 또는 열반사덕涅槃四德이라
고 정의하고 있다.

10 일체가 인연의 화합에 의해 조작되어진 현상적인 존재를 말한다. 즉 원인
과 조건과의 결합을 통해 현실로 나타나는 모든 현상을 유위라고 한다.

연기緣起[11]를 따르지 않음이 없다는 것일세

유위는 반드시 생生·주住·이離·멸滅하는데, 이 생·주·이·멸의 모습을 유위4상有爲四相이라고 한다. 유위에 대립하는 개념이 무위無爲인데, 그것은 상주불변常住不變하는 것으로서 열반을 뜻한다.

11 일체현상의 생기소멸生起消滅의 법칙을 말한다. 일체 현상은 원인(因: hetu)과 조건(緣: paccaya)의 상호관계 속에서 성립되는 까닭에 어느 것도 독립적이고 자존적인 것은 없으며, 원인과 조건이 없으면 결과(果: phala)도 없다는 불교의 핵심사상이다. 인연생기因緣生起의 준말로 빠알리어 paṭica-samuppāda, 산스끄리뜨어 pratītya-samutpāda의 번역어이다. 부처님께서 『잡아함』권12에서 설하고 있는 연기법의 내용을 옮기면 다음과 같다.

"무엇이 연기법의 법에 대한 설명인가. 이른바 '이것이 있으므로 저것이 있고, 이것이 일어나므로 저것이 일어난다'고 하는 것이니, 즉 무명無明을 인연하여 행(行: 의도)이 일어나고, 행을 인연하여 식(識: 알음알이)이 일어나고, 식을 인연하여 명색(名色: 육체와 정신)이 일어나고, 명색을 인연하여 육입(六入: 여섯 가지 감각기관)이 일어나고, 육입을 인연하여 촉(觸: 감촉)이 일어나고, 촉을 인연하여 수(受: 느낌)가 일어나고, 수를 인연하여 애(愛: 갈애)가 일어나고, 애를 인연하여 취(取: 집착)가 일어나고, 취를 인연하여 유(有: 업의 생성)가 일어나고, 유를 인연하여 생(生: 태어남)이 일어나고, 생을 인연하여 늙음·죽음(老死)과 근심·탄식·육체적 고통·정신적 고통·절망(憂悲苦惱)이 일어난다. 이와 같이 전체 괴로움의 무더기(고온苦蘊)가 발생하느니라. 이것을 연기법의 법에 대한 설명이라고 하느니라."

이와 같이 연기설의 일반적인 형태는 무명·행·식·명색·육입·촉·수·애·취·유·생·노사老死의 12지支가 순차적으로 발생·소멸하는 것을 나타내는 십이연기이다. 중생이 생사·유전하며 괴로움의 발생구조를 벗어나지 못하는 연기를 유전연기流轉緣起, 괴로움의 소멸구조를 통해 해탈·

25.

未見無罪者가 　　而趣於地獄으로
미 견 무 죄 자 　　이 취 어 지 옥

定由惡業故면 　　則受其苦報리라
정 유 악 업 고 　　즉 수 기 고 보

아직 본 적 없다. 죄업 없는 사람이

지옥에 간다는 것을

정녕코 악업을 말미암는다면

고보苦報를 받고 말리라

26.

決定造諸惡하고 　　堅著而無悔면
결 정 조 제 악 　　견 착 이 무 회

彼爲業所縛이니 　　則墮於惡道리라
피 위 업 소 박 　　즉 타 어 악 도

결정적으로 갖은 악업을 지으면서

굳건하게도 뉘우침이 없으면

저들은 악업에 속박된 것이어서

열반으로 향하는 연기를 환멸연기還滅緣起라고 한다. 불교의 진리를 나타
내는 사성제(四聖諦: 네 가지 성스러운 진리)도 일종의 연기설로서 고苦·집
集의 2제는 유전연기, 멸滅·도道의 2제는 환멸연기를 나타낸다.

바로 삼악도에 떨어지고 말 것이다

27.

未見不善業이	引生於樂果로니
미 견 불 선 업	인 생 어 낙 과
唯佛眞實言으로사	示彼對治道로다
유 불 진 실 언	시 피 대 치 도

아직 본 적 없다. 불선不善의 업이

낙과樂果를 이끌어 냄을

오직 붓다의 진실한 말씀만이

저 번뇌를 끊는 도법道法을 보인다

28.

如因燈有光이듯	如由業招報이듯
여 인 등 유 광	여 유 업 초 보
諸有所作者는	皆因緣生故니라
제 유 소 작 자	개 인 연 생 고

등燈으로 하여 불빛이 있듯이

업業으로 하여 과보를 부르듯이

갖은 업행業行이 만들어지는 것은

다 조건(緣)으로 말미암아 생겨나는 것이다

29.

謂由彼彼因으로	各各果隨轉한대
위 유 피 피 인	각 각 과 수 전
善達如是相하면	則名眞實見이리라
선 달 여 시 상	즉 명 진 실 견

선업과 악업을 말미암기 때문에

각기 과보가 따라 유전流轉하노니

이와 같은 상相을 잘 요달한다면

참되고 실다운 견해라 하겠다

30.

非同自在天처럼	無因而建立이라
비 동 자 재 천	무 인 이 건 립
諸法皆緣生하니	是如來所說이니라
제 법 개 연 생	시 여 래 소 설

자재천自在天같이

원인 없이 건립되는 것이 아니라

모든 법法은 다 인연(緣)으로 생겨나니

이것이 여래께서 설하신 법이다

31.

由無始輪迴하여　　業報常相似임은
유 무 시 윤 회　　　업 보 상 상 사

非顚倒分別이라　　從因緣而有로다
비 전 도 분 별　　　종 인 연 이 유

보리도에 들지 못하고 윤회함으로 하여

업보(의 인과)가 늘 비슷한 것은

전도된 분별이어서가 아니라

인연을 따르는 생존(有)이어서로다

32.

衆生癡所迷하여　　於愛欲無厭하니
중 생 치 소 미　　　어 애 욕 무 염

若不了業報하면　　何由獲寂靜하랴
약 불 료 업 보　　　하 유 획 적 정

중생은 어리석어서 미혹되어

애욕에 싫증냄이 없나니

업보를 요해了解하지 못한다면

무엇을 말미암아 적정함을 얻겠는가

33.

若人於佛敎에　　不達道非道하면
약 인 어 불 교　　부 달 도 비 도

由癡無正慧하여　　常生於熱惱리라
유 치 무 정 혜　　상 생 어 열 뇌

사람들이 붓다의 가르침에 대하여

도道인지 비도非道인지 요별하지 못하면

어리석음으로 하여 본연의 지혜가 없어져서

늘 뜨거운 번뇌 속에서 살게 되리라

34.

見他如意樂하면　　彼樂從因生커니
견 타 여 의 락　　피 락 종 인 생

諸法皆唯心이어서　　各各隨自行이로다
제 법 개 유 심　　각 각 수 자 행

다른 사람의 여의如意한 낙보樂報를 보면

저 낙보는 인연을 따라 생겨나거니

모든 법은 다 마음(이 나툰 것)뿐이어서

각기 자기 자신의 행行을 따른다

35.

有爲皆無常하니　　如水泡非久라서
유 위 개 무 상　　여 수 포 비 구

應當行善行커니　　爲二世饒益일새니다
응 당 행 선 행　　위 이 세 요 익

연기적 현상 존재는 다 변화하나니

물거품이 오래 유지되지 않는 것 같기에

마땅히 선행善行을 실천해야 하거니

중생과 중생이 사는 세간에 이롭기 때문이다

36.

觀世間業報하고　　及諸天退墮컨대
도 세 간 업 보　　급 제 천 퇴 타

若樂放逸者면　　彼定無少樂이리라
약 락 방 일 자　　피 정 무 소 락

세간의 업보를 보고

천상(의 낙보樂報)에서 떨어지는 것을 보자니

즐겨 방일하게 되면

저들은 정녕코 조금의 낙보도 없으리라

37.

業索極修長하고　　堅固而難脫이라
업 삭 극 수 장　　　　견 고 이 난 탈

纏縛彼愚夫면　　　去菩提則遠하리라
전 박 피 우 부　　　거 보 리 즉 원

업의 밧줄은 극히 길이가 길고

견고하여서 벗어나기 어려운데

저 어리석은 범부가 얽어 매일 적에

보리심을 없애면 벗어나기 요원하리

38.

智慧如利劍이어서　　於彼能除斷하여
지 혜 여 리 검　　　　어 피 능 제 단

離愚癡熱惱하고　　令至於彼岸케하리라
이 우 치 열 뇌　　　영 지 어 피 안

지혜는 마치 예리한 칼 같아

저 업의 밧줄을 끊어 버릴 수 있어서

어리석음과 뜨거운 번뇌를 여의고

피안에 이르게 한다

39.

由業受彼果에　　隨善惡相應커니
유 업 수 피 과　　수 선 악 상 응

智者不暫忘하노니　因果常決定임을
지 자 부 잠 망　　　인 과 상 결 정

업으로 하여 저 과보를 받음에

선함과 악함을 따라 응하거니

지혜로운 이는 잠시도 잊지 않는다

인과因果가 늘 결정되어 감을

40.

由因緣和合으로　　生肢分骨鎖하여
유 인 연 화 합　　　생 지 분 골 쇄

纏縛諸有情하며　　輪迴無解脫이로다
전 박 제 유 정　　　윤 회 무 해 탈

갖은 인연의 결합으로 하여

사지四肢 골육骨肉의 몸이 사슬 같음에

뭇 유정有情이 얽어매여

윤회길에서 해탈하지 못한다

41.

由彼纏縛故로　　逼迫難堪任하니
유 피 전 박 고　　핍 박 난 감 임

當修解脫因하여　得盡諸苦際니라
당 수 해 탈 인　　득 진 제 고 제

저 얽어 매임을 말미암기 때문에

그 핍박을 견디어 내기 어렵나니

마땅히 해탈의 원인을 닦아서

모든 고苦란 고는 남김없이 없애야 한다

42.

彼業善鉤名하나니　復能牽衆生하여
피 업 선 구 명　　　부 능 견 중 생

於在所生處에　　　隨業而受報로다
어 재 소 생 처　　　수 업 이 수 보

그런 업業은 선한 갈고리라 부르나니

능히 중생들을 견인하여

태어나는 곳에서

업에 따라 과보를 받는다

43.

彼業果如輪하여　　於三有旋轉하니
피 업 과 여 륜　　어 삼 유 선 전

當離諸過患하고　　常修殊勝行이리
당 리 제 과 환　　상 수 수 승 행

저 업의 과보는 수레바퀴 같아서

일생동안(삼유三有)¹² 돌고 도니

모든 허물과 우환을 여의고

늘 수승한 행을 닦아야 한다

44.

布施如淨器하여　　貯戒勤慧水하고
보 시 여 정 기　　저 계 근 혜 수

智者善持用하여　　滅三有業火리라
지 자 선 지 용　　멸 삼 유 업 화

---

12 부파불교의 대표적인 논서인 『아비달마구사론』 등에 따르면 중생의 일생
　　은 생유生有·본유本有·사유死有·중유中有 등의 네 기간으로 이루어져 있
　　다고 한다. 세상에 태어나는 최초의 존재를 생유, 태어나서 죽기까지의
　　생애를 본유, 죽는 찰나를 사유, 죽어서 다음의 어떤 생을 받을 때까지 49
　　일 동안을 중유라고 한다는 것이다. 여기서 삼유는 태어난 직후 죽을 때
　　까지의 기간을 나타내는 생유·본유·사유를 뜻한다. 덧붙여 중유의 존재
　　는 일종의 영혼신으로서 혈육으로 유지되는 존재가 아니라 의식으로 성
　　립되며, 향을 음식으로 삼기 때문에 건달바(乾闥婆: 食香)라고도 불린다.

보시는 청정한 그릇 같아서

계戒와 정진과 지혜의 물을 담으니

지혜인은 잘 지니고 써서

일생(삼유三有)에 짓는 업의 불길을 소멸시키리라

45.

一切縱彼三業하면   三毒則隨轉하리니
약 종 피 삼 업   삼 독 즉 수 전

馳騁三界中은   由癡三種行이리
치 빙 삼 계 중   유 치 삼 종 행

거리낌도 없이 신구의 삼업행을 하면

탐·진·치 삼독심이 따라 구르리니

삼계의 화택에서 바삐 나대기만 하는 것은

어리석게도 삼독심三毒心을 행하기 때문이리

46.

一切諸衆生이   爲苦所逼迫은
일 체 제 중 생   위 고 소 핍 박

皆隨自作業하며   常依止而住로다
개 수 자 작 업   상 의 지 이 주

하고많은 중생들이

괴로움으로부터 핍박 받는 것은

다 자신이 지은 업보를 따르면서

언제든지 의탁하고 머무는 탓이다

47.

若無彼善因하면   何能有少樂가
약 무 피 선 인   하 능 유 소 락

隨業受彼報는   如種生其果러라
수 업 수 피 보   여 종 생 기 과

저 선인善因이 없다면

어찌 적은 낙보樂報라도 있을 수 있겠는가?

업을 따라 저 과보를 받는 것은

마치 씨앗에서 과실이 생기는 것 같구나

48.

又如陽春時에   能滋榮卉木이듯
우 여 양 춘 시   능 자 영 훼 목

彼果從因生이니   無因則不起로다
피 과 종 인 생   무 인 즉 불 기

따뜻한 봄철에

초목이 잘 번식하는 것처럼

저 과보도 원인으로부터 생기는 것이니
원인이 없으면 생기生起할 것도 없다

49.

爲業索所拘일새　　百千生往返커니
위 업 삭 소 구　　백 천 생 왕 반

如世間車輪이　　由機而轉듯이
여 세 간 거 륜　　유 기 이 전

업의 밧줄에 얽매이기 때문에

기나긴 삶을 오가거니

마치 세간의 수레바퀴가

기관으로 말미암아 굴러가듯이

50.

彼三毒堅牢는　　衆生難出離커니
피 삼 독 견 뇌　　중 생 난 출 리

離貪等過患하면　　##則善超三有리라
이 탐 등 과 환　　즉 선 초 삼 유

저 삼독심三毒心의 견고한 감옥은

중생들이 탈출하기 어렵거니

탐·진·치貪瞋痴의 허물과 우환을 여의면

일생의 생사유전(삼유三有)을 잘 초탈하리라

51.

若人慶快心으로　　修彼殊勝行하면
약 인 경 쾌 심　　　 수 피 수 승 행

以是因緣故로　　　受莊嚴勝報리라
이 시 인 연 고　　　수 장 엄 승 보

사람들이 (이런 법을 듣고) 경쾌한 마음으로

저 수승한 행을 닦으면

이 인연 때문에

장엄하고 뛰어난 과보를 받을 것이다

52.

業如彼畫師여서　　善圖諸形像커니
업 여 피 화 사　　　선 도 제 형 상

或天上人間이나　　所畫無不盡하리라
혹 천 상 인 간　　　소 화 무 부 진

업보는 저 화가와 같아서

갖가지 형상을 잘도 그리니

어떤 하늘이든 어떤 사람이든

그리는 것은 다함이 없으리

53.

彼畫無數量하니　　皆由業變化한대
피 화 무 수 량　　개 유 업 변 화

不施衆彩飾하고　　亦無能見者로다
불 시 중 채 식　　역 무 능 견 자

저 그림은 헤아릴 수 없으리니

갖은 업의 변화를 말미암는데

여러 가지 채색으로 그려지지도 않고

볼 수 있는 것도 없도다

54.

壁毀畫亦無듯이　　畢竟皆散壞언만
벽 훼 화 역 무　　필 경 개 산 괴

此身雖滅謝라도　　彼業則長在리라
차 신 수 멸 사　　피 업 즉 장 재

담장이 허물어지면 그림 역시 없어지듯이

끝에 가서는 다 흩어지고 부서지겠지만

이 육신은 비록 죽어 없어져도

저 업보는 길이 남아 있으리라

55.

衆生癡所覆하여　　爲業所籠縛으로
중 생 치 소 부　　위 업 소 농 박

無始生死中에　　如陶輪常轉하니라
무 시 생 사 중　　여 도 륜 상 전

중생들은 어리석음에 덮이어

업에 갇히고 얽매이기 때문에

보리도에 들지 못하고 (무시無始) 생사윤회 중에서

마치 항아리가 구르듯이 늘 윤전한다

56.

如風日煙塵은　　於畫則能損이라도
여 풍 일 연 진　　어 화 즉 능 손

彼所招業緣은　　未常而暫棄니라
피 소 초 업 연　　미 상 이 잠 기

예컨대 바람이나 햇볕이나 연무나 먼지가

그림을 훼손하는 것처럼

저 각종 업연業緣으로 불러들인 것들은

일찍이 잠깐이라도 버린 적이 없다

57.

當觀察過去커니 　　　所造諸不善을
당 관 찰 과 거 　　　　소 조 제 불 선

於在在處處에 　　　　隨作而自受기에
어 재 재 처 처 　　　　수 작 이 자 수

마땅히 지난 업을 살펴봐야 한다

지어 온 온갖 선하지 못한 업

여기저기 도처에서

지은 업에 따라 스스로 받게 마련이기에

58.

謂於上中下의 　　　　諸微細惡業까지
위 어 상 중 하 　　　　제 미 세 악 업

能悉令解脫이라야 　　是最上智者라하리라
능 실 령 해 탈 　　　　시 최 상 지 자

이르노니, 상기근 중기근 하기근의

가지각색의 미세한 악업까지

모두 다 해탈하게 할 수 있어야

바로 최상의 지혜인이라 하겠다

56

59.

又彼諸有情이　　　造作善不善하면
우 피 제 유 정　　　조 작 선 불 선

於樂及非樂을　　　決定當獲得하리라
어 락 급 비 락　　　결 정 당 획 득

또한 저 모든 유정有情들이
선업이나 불선업을 지으면
낙보樂報나 비낙보非樂報를
아주 확고하게 받게 될 것이다

60.

若違背佛言하면　　　彼爲愚癡者라
약 위 배 불 언　　　피 위 우 치 자

於無量苦惱에서　　　長時無解脫하리라
어 무 량 고 뇌　　　장 시 무 해 탈

붓다의 말씀을 위반하면
저들은 어리석은 자이기 때문에
한량없는 고통과 번뇌에서
길이 해탈할 수 없게 되리라

61.

天人阿脩羅와　　地獄鬼畜生은
천 인 아 수 라　　지 옥 귀 축 생

皆由彼業故로　　當隨智慧行이니라
개 유 피 업 고　　당 수 지 혜 행

천天과 인人과 아수라阿脩羅와

지옥地獄과 아귀餓鬼와 축생畜生은

모두 다 저 업으로 말미암는 까닭에

지혜행을 따르지 않으면 아니된다

62.

由染慧分別하여　　造無量惡業하면
유 염 혜 분 별　　조 무 량 악 업

各各往諸趣하여　　受報悉知見하리라
각 각 왕 제 취　　수 보 실 지 견

염혜染慧[13]로 분별함으로 하여

---

13 오염된 지혜, 그릇된 지혜를 말한다. 부정견不正見 또는 악견惡見을 지칭
한다. 부파불교와 대승불교에서는 유신견有身見·변집견邊執見·사견邪見·
견취見取·계금취戒禁取를 부정견의 다섯 가지로 정의하고 있다. ①유신
견은 오온의 화합체 또는 오취온을 실재하는 '나(아我)', '나의 것(아소我
所)', '나의 실체(아체我體)'라고 집착하는 견해이다. 유신견은 중생을 중생
이게끔 기만하고 오도하는 가장 근본적인 삿된 견해이다. ②변집견은 줄

한량없는 악업을 지으면

각기 육취六趣[14]로 가서

과보를 받음에 다 알아보리라

63.

若人造善業하면	後得生人天이리
약 인 조 선 업	후 득 생 인 천
不善溺三塗하면	如俳優更服하리라
불 선 익 삼 도	여 배 우 경 복

여서 변견이라고 하며, 2가지 극단적인 견해라는 뜻에서 2변二邊이라고
도 한다. 즉 단견斷見과 상견常見을 말한다. 단견이라 함은 세간과 자아는
사후에 완전히 소멸한다는 견해이다. 이러한 단견은 인과因果의 상속, 업
業의 상속 또는 심상속心相續을 부정하는 견해로서, 윤회가 존재하며 무
위법인 열반이 존재한다는 것을 부정하는 견해라고 할 수 있다. 상견이라
함은 세간과 자아는 사후에도 없어지지 않는다는 견해이다. 이러한 상견
은 유위법을 무위법으로 여기는 잘못된 견해라고 할 수 있다. ③사견은
팔정도의 정견正見과 반대되는 삿된 견해로서, 사성제와 연기를 부정하는
무지한 견해를 말한다. ④견취는 견취견見取見이라고도 하며, 그릇된 견
해를 올바른 것이라고 집착하는 것이다. 즉 유신견·변집견·사견 등을 일
으킨 후 이를 고집하여 진실하고 뛰어난 견해라고 집착하는 것을 말한다.
⑤계금취는 계금취견이라고도 하며, 형식적 계율과 의례의식을 지킴으
로써 해탈할 수 있다고 집착하는 것을 말한다.

14 중생이 윤회하는 욕계의 여섯 세계, 즉 지옥·아귀·축생·아수라·인간·
천상을 말한다.

어떤 사람이 선업을 지으면

후에 인간이나 하늘에 날 수 있으리

불선不善하여 삼악도에 빠져 들면

광대처럼 실로 (삼악도에) 익숙해질 것이다

64.

業線極堅長하면   遍縛於三有하듯
업 선 극 견 장   변 박 어 삼 유

衆生由自業도   如輻依車輞이로다
중 생 유 자 업   여 복 의 거 망

업의 줄이 극히 팽팽하면

일생(三有)을 두루 얽듯이

중생이 자기 자신의 업을 말미암는 것도

바퀴살이 수레바퀴테에 의지하는 것과 같다

65.

或生於天中하고   或沈於險難함은
혹 생 어 천 중   혹 심 어 험 난

輪迴不暫停하여   隨業而受報로다
윤 회 부 잠 정   수 업 이 수 보

어느 때는 하늘에 나고

어느 때는 험한 난관에 빠져드는 것은

윤회가 잠깐도 그치지 않아

업을 따라 과보를 받아서이네

66.

有情生天中은　　皆從善業得이라
유 정 생 천 중　　개 종 선 업 득

如妙色蓮華가　　出淸淨池沼듯이
여 묘 색 연 화　　출 청 정 지 소

유정有情이 하늘에 나는 것은

다 선업을 따를 수 있어서이다

미묘한 자색姿色의 연꽃이

청정하게 연못에 나투듯이

67.

若人造善業하면　　決定非破壞하여
약 인 조 선 업　　결 정 비 파 괴

常生於勝處하여는　　感果得如意리라
상 생 어 승 처　　감 과 득 여 의

어떤 사람이 선업을 지으면

부서지지 아니 하는 것이 확고하리니

늘 수승한 처소에 나서

해탈 수행의 과보가 뜻대로 얻어지리라

愚夫不修因하면서　　而妄希樂報는
우 부 불 수 인　　　　이 망 희 낙 보

譬如於沙中에서　　　求酥不可得이로다
비 여 어 사 중　　　　구 소 불 가 득

어리석은 범부가 선업의 인연을 닦지 않으면서

망령되게도 낙보樂報를 희구하는 것은

비유하자면 모래사장에서

소유酥油[15]를 찾지만 얻을 수 없음과 같다

若修彼善因하면　　　則生於快樂이언만
약 수 피 선 인　　　　즉 생 어 쾌 락

無因獲報者는　　　　如離樹求果로다
무 인 획 보 자　　　　여 리 수 구 과

저 선인善因을 닦으면

---

15 우유를 가공한 소酥와 기름. 마시거나 몸에 바르는데 사용한다. 소유蘇油
라고도 쓴다.

심신의 즐거움에서 생활하겠지만

원인도 짓지 않고 과보를 얻으려는 것은

마치 나무를 버리고서 과실을 찾는 것과 같다

70.

衆生由業故로　　受報而無定하니
중 생 유 업 고　　수 보 이 무 정

如擲沙空中하면　隨風而飄墮리라
여 척 사 공 중　　수 풍 이 표 타

중생은 업을 말미암기 때문에

과보를 받음에 일정함이 없으니

마치 공중에 모래를 뿌리면

바람 따라 나부끼며 떨어지는 것과 같으리

71.

彼聚散因緣은　　苦樂亦復爾하여
피 취 산 인 연　　고 락 역 부 이

皆由業所牽하니　於罪不應造로다
개 유 업 소 견　　어 죄 불 응 조

저 모이고 흩어지는 인연은

고보苦報와 낙보樂報도 역시 그러해

다 업으로 하여 견인되거니

죄업에 호응하여 지으면 아니 된다

72.

無邊業種子가　　　變化六道中하여
무 변 업 종 자　　　변 화 육 도 중

皆從心所生하니　　是佛眞實說일세
개 종 심 소 생　　　시 불 진 실 설

가없는 업보의 종자가

육도六道에서 변화하여

다 마음을 좇아 생겨나거니

이것이 붓다의 진실한 말씀이네

73.

是心難調伏한대　　樂造作諸業이라
시 심 난 조 복　　　낙 조 작 제 업

如彩畫衆生을　　　唯佛能知見이리라
여 채 화 중 생　　　유 불 능 지 견

이 마음은 항복 받기 어려운데

이런저런 업 짓기를 즐기나니

중생들은 색깔을 칠해 그려놓은 것 같음을

오직 붓다만이 알아볼 수 있으리

74.

如一穀種子가　　　能生百千萬하듯
여 일 곡 종 자　　　능 생 백 천 만

是業網亦然하여　　無能測量者로다
시 업 망 역 연　　　무 능 측 량 자

한 알갱이의 곡식 종자가

능히 수많은 곡식을 내는 것처럼

이 업보의 그물도 역시 그러해

측량할 수 있는 사람이 없도다

75.

如線縶於禽하면　　雖翔復能至듯
여 선 집 어 금　　　수 상 부 능 지

彼業拘衆生도　　　往返亦如是로다
피 업 구 중 생　　　왕 반 역 여 시

날짐승을 줄로 잡아매어 놓으면

비록 비상하더라도 되돌아오는 것 같이

저 업보가 얽고 있는 중생도

가다가 되돌아오곤 하는 것이 이와 같으리라

76.

愚夫無正見하여　　不達罪福相하니
우 부 무 정 견　　　　부 달 죄 복 상

循環三有中하여　　唯苦爲己有일세
순 환 삼 유 중　　　　유 고 위 기 유

어리석은 범부는 정견正見이 없어서

죄업과 복업의 모습을 요달하지 못하니

일생(삼유三有)에 짓는 업보 안에서 돌고 도니

오로지 고보苦報만이 자기의 영역일세

77.

若了善惡業하면　　則悟生滅法이니
약 료 선 악 업　　　　즉 오 생 멸 법

斯爲眞實人이라　　能到於彼岸하리라
사 위 진 실 인　　　　능 도 어 피 안

만일 선업과 악업을 요지了知하면

생멸법生滅法[16]을 깨닫는 것이니

---

16 인연화합에 의해 생성과 소멸을 거듭하는 세제世諦의 법칙. 모든 존재는
　　인연화합의 일시적 존재인 까닭에 불변不變한 것이 아니다. 불교는 무상
　　無常을 무상으로 여실히 봄으로써 괴로움에서 벗어날 것을 지향한다. '무
　　상하기 때문에 괴로운 것이며, 무상하고 괴롭기 때문에 무아다'라는 논리
　　처럼 무아로 보는 출발점이 곧 무상관이다. 불교의 이러한 교설을 표방하

그렇다면 곧 진실한 사람이어서

능히 피안[17]에 도달하리라

78.

若離善知識하면　則親近惡友하여
약 리 선 지 식　　즉 친 근 악 우

棄法貪世財하며　不信後苦果리라
기 법 탐 세 재　　불 신 후 고 과

선지식善知識[18]을 여의면

고 있는 가르침이 무상게無常偈 또는 설산게雪山偈이다. 즉 '제행무상諸行
無常 시생멸법是生滅法 생멸멸이生滅滅已 적멸위락寂滅爲樂'이 그것이다. 앞
의 2구는 '제행은 무상해서 발생하거나 소멸하면서 머물지 않기 때문에
이에 집착하는 것은 괴로움'이라는 뜻이고, 뒤의 2구는 '생멸무상에 대한
집착을 없애면 평정한 적멸의 깨달음을 이루어 궁극적인 즐거움의 경지
로서 열반한다'는 교훈이다.

17　불교에서 현세를 차안此岸이라고 하는 것에 대하여 이상적 경지인 해탈
　　을 피안彼岸이라고 한다. 차안은 미혹과 번뇌로 생사유전生死流轉하는
　　세계이고, 피안은 이를 넘어선 깨달음의 경지인 열반涅槃을 뜻한다. 차
　　안에서 피안에 이르는 것을 도피안到彼岸이라 하고, 이는 산스끄리뜨어
　　pāramitā를 번역한 것이다. 바라밀다波羅密多로 음사된다.

18　빠알리어 kalyāṇamitta, 산스끄리뜨어 kalyāṇamitra의 번역어이다. 해탈·
　　열반·깨달음으로 향해가는 청정도반, 해탈·열반·깨달음으로 인도하는
　　덕 높은 스승 또는 수행에 도움이 되는 지도자를 말한다. 선종에서는 덕
　　높은 스승을 이르는 말로 쓰인다. 좋은 벗·선우善友·친우親友·승우勝友·

나쁜 벗을 가깝게 사귀게 되어

선법善法¹⁹을 버리고 세간의 재물을 욕심내며

훗날 받게 될 고통스런 과보를 믿지 않을 것이다

79.

由不了業報하여	則不知罪福이라서
유 불 료 업 보	즉 부 지 죄 복
彼愚癡有情은	長受於熱惱리라
피 우 치 유 정	장 수 어 열 뇌

업보를 요지了知하지 못함으로 하여

죄업과 복업을 알지 못하기에

저 어리석은 유정有情들은

길이 뜨거운 번뇌를 받으리

선친우善親友라고도 한다.

19 진리에 따르고 자신과 남에게 이익이 되는 일을 말한다. 불교 교의적으로는 욕망과 집착, 온갖 번뇌를 여의고 해탈·열반·깨달음으로 나아가는 올바른 가르침을 말한다. 초기불교에서의 선법은 팔정도(정견·정사유·정어·정업·정명·정정진·정념·정정), 기원 전후 대승불교로 넘어가는 시기에 결집된 『밀린다팡하』에서 보이는 선법은 육선법(지혜·계율·선정·정진·전념·신행), 대승불교에서의 선법은 육바라밀(보시·지계·인욕·정진·선정·반야지혜)이다.

80.

世智生我慢하며　　常說無義言이리니
세 지 생 아 만　　　상 설 무 의 언

不悟業因緣하며　　常受輪迴苦리라
불 오 업 인 연　　　상 수 윤 회 고

세간의 지혜로는 아만심我慢心을 내며

늘 말해도 의미 있는 말 없거니

업의 인연을 깨닫지 못하여

언제나 윤회의 고보苦報를 받는다

81.

如人久囚執타가　　偶得其釋放하면
여 인 구 수 집　　　우 득 기 석 방

彼親眷朋屬이　　喜樂相慶慰하듯
피 친 권 붕 속　　　희 락 상 경 위

어떤 사람이 오랫동안 감옥살이 하다가

그가 석방되면

저 가까운 권속과 벗들이

기쁘고 즐겁게 축하하고 위로하듯이

82.

猶處地獄中타가　　業盡得解脫하면
유 처 지 옥 중　　　업 진 득 해 탈

由先善業力으로　　得生於天上커니
유 선 선 업 력　　　득 생 어 천 상

어떤 사람이 지옥에 살다가

업이 소진되어 벗어나게 되면

전세前世의 선한 업력으로 하여

천상에 태어나거니

83.

受天中快樂하고　　具量莊嚴이리니
수 천 중 쾌 락　　　구 량 장 엄

於彼復修因타가　　轉生其勝處리라
어 피 부 수 인　　　전 생 기 승 처

하늘에서 심신의 기쁨과 즐거움을 받고

국토까지 한량없이 꾸미는 것 같으리니

거기에서 거듭 인연을 닦다가

수승한 처소에 옮아 날 것이다

84.

彼若不修善하면　業盡卽退墮리라
피 약 불 수 선　　업 진 즉 퇴 타

衰相現其前하리니　如油盡燈滅하듯이
쇠 상 현 기 전　　여 유 진 등 멸

천인天人이 선善을 닦지 않으면

선업이 소진되어 하위下位로 되돌아가리라

쇠멸하는 모습이 눈앞에 드러나리니

마치 기름이 소진되면 등불이 꺼지듯이

85.

此滅彼復生하여　循環於三界하고
차 멸 피 부 생　　순 환 어 삼 계

隨業風所吹리니　何由能出離아
수 업 풍 소 취　　하 유 능 출 리

여기서 소멸하면 저기서 다시 태어나

삼계三界에서 윤회하면서

업풍業風의 바람결에 이끌리리니

무엇을 말미암아 벗어날 수 있을까?

86.

若人智自在하면　　則不著輪迴여서
약 인 지 자 재　　　　즉 불 착 윤 회

不爲彼業繩이　　　少分而纏縛하리라
불 위 피 업 승　　　　소 분 이 전 박

만일 어떤 사람이 지혜가 자재하면

윤회에도 집착하지 않기에

저 업의 밧줄이

조금도 얽어매지 못하리라

87.

假使蓮䕫絲하여　　積如須彌量한대
가 사 연 간 사　　　　적 여 수 미 량

彼業索亦爾여도　　無能縛智者리라
피 업 삭 역 이　　　　무 능 박 지 자

가령 연 줄기나 조릿대의 실을 뽑아

마치 수미산만큼 쌓아 놓은 것처럼

저 업業의 동아줄 역시 그렇게 많더라도

지혜로운 이를 얽어맬 수 없으리

72

88.

智者處輪迴여도　如須彌不動커니
지 자 처 윤 회　여 수 미 부 동

遠離諸憂惱하고　解脫諸恐怖리라
원 리 제 우 뇌　해 탈 제 공 포

지혜로운 이는 생사윤회에 처해도
수미산처럼 움직이지 않거니
온갖 근심 고뇌를 멀리 여의고
갖은 두려움에서 해탈할 것이다

89.

如諸佛所見이　因果常相似듯
여 제 불 소 견　인 과 상 상 사

若作業廣大면　彼報亦同等토다
약 작 업 광 대　피 보 역 동 등

모든 붓다가 보시는
인과율因果律이 언제나 같은 것처럼
업을 지음이 광대하면
그 과보가 동등함도 마찬가지리라

90.

數數造諸業하면　　各各受其果리니
삭 삭 조 제 업　　각 각 수 기 과

由如是造作으로　　則爲彼纏縛이로다
유 여 시 조 작　　즉 위 피 전 박

온갖 업을 자주 지으면

각기 그 과보를 받으리니

이처럼 짓기 때문에

바로 그에 얽매인다

91.

若造善業故로　　定獲彼勝報리니
약 조 선 업 고　　정 획 피 승 보

色力命嚴身하여　　爲人之所敬하리라
색 력 명 엄 신　　위 인 지 소 경

선업을 짓는 까닭에

저 수승한 과보를 결정코 얻으리니

몸과 자력自力과 수명이 자신을 장엄하여

남들의 공경을 받게 될 것이다

92.

福業豈能久리오　　　　倏爾若燈光이어서
복 업 개 능 구　　　　숙 이 약 등 광

彼業報無差하니　　　　皆隨心造作이리라
피 업 보 무 차　　　　개 수 심 조 작

복업福業이라고 해도 어찌 오래 갈 수 있으랴

문득 사라지는 등불 같아서

저 업보가 털끝만큼의 차이도 없으니

다 마음을 따라 지어서이리라

93.

一切諸衆生이　　　　業盡命必喪이리
일 체 제 중 생　　　　업 진 명 필 상

身爲火所燒리니　　　　無有少安住로다
신 위 화 소 소　　　　무 유 소 안 주

하고많은 중생들이

업보가 다 되면 목숨도 잃고 말으리

몸은 불길에 태우게 되니

조금도 편안한 삶이 없도다

94.

又彼諸衆生은   由心界差別일새
우 피 제 중 생   유 심 계 차 별

各造作諸業하여   爲三有纏縛이로다
각 조 작 제 업   위 삼 유 전 박

또한 저 온갖 중생들은

마음의 경계가 차별되기 때문에

각기 갖은 업을 지어

일생(삼유三有)의 생사유전에 얽매이리라

95.

世間瘖啞人은   由行不善道로하여
세 간 음 아 인   유 행 불 선 도

彼希於樂報함이   如攪水求火로다
피 희 어 낙 보   여 교 수 구 화

세간의 벙어리 같은 사람들은

선하지 않은 길을 가기 때문에

저 낙보樂報를 희구하는 것은

마치 물을 휘저으며 불씨를 찾는 것과 같다

96.

若無所作善하면　　樂果則不生이리니
약 무 소 작 선　　　낙 과 즉 불 생

常樂放逸者는　　　決定無功德이리라
상 락 방 일 자　　　결 정 무 공 덕

선업을 짓는 것이 없다면

낙보樂報의 결과는 생기지 않으리니

늘 방일한 행을 즐기는 자는

결단코 공덕이 없을 것이다

97.

爲業索所牽하여　　暗鈍無知覺이리니
위 업 삭 소 견　　　암 둔 무 지 각

彼索無能斷이라　　苦盡方解脫하리라
피 삭 무 능 단　　　고 진 방 해 탈

업의 동아줄에 견인되기 때문에

어둡고 둔하여 지각이 없으리니

저 동아줄은 끊어낼 수 없는지라

고보苦報가 소진되어야 비로소 벗어나리라

98.

衆生由業故로　　於輪回往返커니
중생유업고　　　어윤회왕반

見此滅彼生하면　　皆從因所得토다
견차멸피생　　　개종인소득

중생들이 업業을 말미암는 까닭에

생사윤회 길에 드나들거니

여기서 소멸하고 저기서 태어나는 걸 보면

다 인연을 좇아서 획득된다

99.

愚夫著五欲하며　　未嘗生覺悟라
우부착오욕　　　미상생각오

由貪愛相資하니　　何窮苦邊際리오
유탐애상자　　　하궁고변제

어리석은 범부는 오욕五欲[20]을 집착하며

일찍이 깨달을 마음 낸 적이 없기에

---

20 세간에서의 오욕은 재물욕·색욕(성욕)·식욕·명예욕(생명욕)·수면욕이
고, 불교에서의 오욕은 다섯 가지 감각기관인 눈(안眼)·귀(이耳)·코(비
鼻)·혀(설舌)·몸(신身)이 감각대상인 물질(색色)·소리(성聲)·향기(향香)·
맛(미味)·감촉(촉觸)에 집착하여 일으키는 색욕色欲·성욕聲欲·향욕香欲·
미욕味欲·촉욕觸欲 또는 욕망의 대상인 색·성·향·미·촉을 말한다.

탐욕과 갈애가 도움으로 말미암으니

언제쯤 가없는 고보苦報를 다하리요

100.

愚夫無厭足하여　　樂作諸欲樂하니
우 부 무 염 족　　　낙 작 제 욕 락

由彼無厭故로　　　則自取衰滅이로다
유 피 무 염 고　　　즉 자 취 쇠 멸

어리석은 범부는 만족함이 없어서

즐겨 갖은 욕락欲樂을 지으니

저 만족함 없음을 말미암는 까닭에

오히려 스스로 쇠멸의 상相을 취한다

101.

於現生福報에서　　業盡樂亦亡하리니
어 현 생 복 보　　　업 진 낙 역 망

由多作放逸로　　　臨終始覺知리라
유 다 작 방 일　　　임 종 시 각 지

현생에 받는 복의 과보에서

복업이 소진되면 낙보樂報 역시 없어지리니

허다하게 짓는 방일로 하여

죽음에 임해서야 비로소 느낄 것이다

102.

起無量分別하며　　造彼種種業으로
기 무 량 분 별　　　　조 피 종 종 업

各隨業因緣하여　　而受其果報리라
각 수 업 인 연　　　　이 수 기 과 보

한량없는 분별집착심을 일으키며

갖가지 업을 짓나니

각기 업의 인연을 따라

그 과보를 받으리

103.

衆生爲業驅일새　　或爲業所招한대
중 생 위 업 구　　　　혹 위 업 소 초

或生於快樂하고　　或招於苦報로다
혹 생 어 쾌 락　　　　혹 초 어 고 보

중생들은 업이 부리기 때문에

때로는 업보에 초빙되는데

어느 때는 쾌락의 과보에 살고

어느 때는 고통스런 과보를 불러들인다

若得生天中하여   受五欲妙樂이라도
약 득 생 천 중   수 오 욕 묘 락

福盡而退墮리니   及此無能救리라
복 진 이 퇴 타   급 차 무 능 구

만일 하늘에 태어나서

오욕五欲의 미묘한 낙을 받더라도

복업이 소진되면 하위下位로 되돌아가리니

이에 이르러서는 구할 수 없으리라

105.

又彼輪迴因으로   皆從虛妄起리니
우 피 윤 회 인   개 종 허 망 기

佛以眞實見으로써   示解脫正道니라
불 이 진 실 견   시 해 탈 정 도

저 생사의 윤회가 원인이 되어

다 허망한 상을 좇아 생기하기에

붓다는 진실한 견해로써

해탈의 정도正道를 보이셨다

106.

昔修諸善業하여　　戒定慧相應하면
석 수 제 선 업　　　　계 정 혜 상 응

此非輪迴因이라서　　安住淸淨樂이리라
차 비 윤 회 인　　　　안 주 청 정 락

예전부터 갖은 선업을 닦아서

계·정·혜戒定慧 삼학三學[21]이 화합하면

------

21 계·정·혜 삼학三學은 계(戒: sīla)와 삼매(定: samādhi)와 통찰지(혜: paññā)
등 세 가지 공부지음(sikkhā)을 뜻한다. ①계학은 바른 행실과 행동의 영
역을 갖추고, 작은 허물에 대해서도 두려움을 보며, 학습해야 할 계목(戒
目: pātimokkha)을 받아 지녀 공부짓는 것이다. 따라서 계의 핵심은 단속
(saṁvara)이며, 이러한 문단속에 힘입어 삼매와 통찰지를 구족할 수 있다.
②정학은 마음을 대상에 집중하는 것으로, 심일경성心一境性이라고 번역
되었다. 『상윳따 니까야』 45:8에 의하면 바른 삼매(정정正定)는 감각적 욕
망·악의·혼침·들뜸·의심 등 다섯 가지 장애(5장五障)를 완전히 소멸시
킨 뒤 사유(심尋: 처음 일으킨 생각)·숙고(사伺: 지속적인 고찰)·희열(희喜)·
행복(학樂)·집중삼매(심일경성心一境性) 등 다섯 가지 선정의 고리(5선지五
禪支)를 갖춘 초선初禪에 들어가 머문 이후 사유와 숙고를 뛰어넘어 삼매
에서 생겨나는 희열과 행복을 갖춘 2선二禪, 더욱 심화된 행복과 집중삼
매로써 '평온하고 주의 깊고 행복하게 머문다'는 3선三禪, 괴롭지도 즐겁
지도 않으며 평온으로 인해 마음챙김이 청정한(사념청정捨念淸淨) 4선四禪
에 들어가 머무는 심해탈心解脫의 경지를 말한다. ③혜학은 통찰지(paññā)
로서, 즉 반야의 지혜를 말한다. 이는 법法의 고유성질(自相: sabhāva-
lakkhaṇa)을 통찰함은 물론이거니와, 무상·고·무아라는 법의 보편적 성

82

이는 생사윤회의 인연이 아니어서

청정한 낙보樂報에 안주할 것이다

107.

是福報無盡커니 시 복 보 무 진	不應作放逸하면 불 응 작 방 일
當畢竟一心은 당 필 경 일 심	增修殊勝行하리라 증 수 수 승 행

이러한 복된 과보는 다함없거니

방일放逸을 짓지 않는다면야

결국 일심一心은

수승한 행을 한층 더 닦게 되리라

108.

若人具福報코서 약 인 구 복 보	當遠諸不善하면 당 원 제 불 선

질(공상: sāmañña-lakkhaṇa)을 통찰하여 각각 무상無相·무원無願·공空의 3
해탈을 실현하는 통찰지혜이다. 『맛지마 니까야』 4, 71과 『앙굿따라 니까
야』 5:23 등에 따르면 혜학은 삼명三明, 즉 전생을 기억하는 지혜(숙명명宿
命明)·신성한 눈의 지혜(천안명天眼明)·번뇌를 소멸하는 지혜(누진명漏盡明)
이거니와 누진명의 핵심은 사성제四聖諦를 통찰하는 것으로 나타난다. 이
삼학은 무더기(蘊: khandha)라는 표현을 사용해 계온戒蘊·정온定蘊·혜온
慧蘊이라고도 한다.

爲善躋聖道하여   作惡招殃咎리라
위 선 제 성 도   작 악 초 앙 구

만일 사람들이 복된 과보를 갖추고서

온갖 선하지 못한 행을 멀리 여의게 되면

성인의 길에 잘 오르게 되어

허물에 매임을 부끄러워 할 것이다

109.

若人作善行하며   勇悍無退屈하면
약 인 작 선 행   용 한 무 퇴 굴

常獲寂靜樂코   能趣菩提道리라
상 획 적 정 락   능 취 보 리 도

어떤 사람들이 선행을 지으며

용맹스러워 퇴굴심이 없다면

언제나 적정의 낙보樂報를 얻어

보리도菩提道를 취할 수 있으리

110.

若人著放逸하여   樂作諸不善하면
약 인 착 방 일   낙 작 제 불 선

彼福則隨減하여   當墮於惡道리라
피 복 즉 수 감   당 타 어 악 도

어떤 사람들이 방일에 안착하여

즐겨 갖은 비행을 지으면

저 복된 업은 바로 줄어들어

당연히 삼악도에 떨어질 것이다

111.

是業如鞦韆하며   皆從心變化하노니
시 업 여 추 천   개 종 심 변 화

衆生癡所誑되어   常依彼而轉이로다
중 생 치 소 광   상 의 피 이 전

이 업보는 그네와 같아서

다 마음의 변화를 따르노니

중생들이 어리석어 현혹되어서는

언제나 변화하는 마음에 의거하여 윤회 전생하리라

112.

生死其如輪이고   十二處如輻이어서
생 사 기 여 륜   십 이 처 여 복

旋轉於世間은   皆爲心所使일새로다
선 전 어 세 간   개 위 심 소 사

생사生死는 마치 수레바퀴 같고

십이처十二處[22]는 바퀴살 같아서

세간에서 돌고 도는 것도

다 변화하는 마음에 부려지기 때문이다

113.

由心造善業일새　　引生於天中이어도
유 심 조 선 업　　　인 생 어 천 중

爲境界所迷로　　　不思惟後苦리라
위 경 계 소 미　　　불 사 유 후 고

마음이 선업을 지음으로 하여

하늘에 견인되어 태어나더라도

경계가 미혹되기 때문에

닥쳐 올 고보苦報를 생각도 못한다

---

22 빠알리어는 dvadasa āyatana. 여섯 가지 인식감각기관인 육근六根과 여섯 가지 인식감각대상인 육경六境의 만남을 십이처라 한다. 육근은 눈(안眼)·귀(이耳)·코(비鼻)·혀(설舌)·몸(신身)·마노(의意)이고, 육경은 형색(색色)·소리(성聲)·냄새(향香)·맛(미味)·감촉(촉觸)·법法이다. 『상윳따 니까야』(35:23)는 십이처에 대해 다음과 같이 설하고 있다. "무엇이 일체인가? 눈과 형색, 귀와 소리, 코와 냄새, 혀와 맛, 몸과 감촉, 마노와 법, 이것을 일러 일체라 한다. 어떤 사람이 말하기를 '나는 이러한 일체를 버리고 다른 일체를 시설할 것이다'라고 말한다면 그것은 단지 언설일 뿐 물어봐야 모르고 의혹만 더할 것이다. 왜냐하면 그것은 그들의 영역(경계境界)을 벗어났기 때문이다."

114.

於樂及非樂에서　　當審慮而行하리니
어 락 급 비 락　　　당 심 려 이 행

苦樂業雖殊여도　　皆從因緣起로다
고 락 업 수 수　　　개 종 인 연 기

낙보樂報와 비낙보非樂報에서
자세히 궁구하여 행해야 하리니
고와 낙의 업보가 비록 다르더라도
다 인연을 좇아 생기生起하여서이다

115.

世間無有樂은　　皆爲業所牽이요
세 간 무 유 락　　개 위 업 소 견

樂壞苦現前은　　由心而造作이리
낙 괴 고 현 전　　유 심 이 조 작

세간에 낙보가 없는 것은
다 업력業力에 이끌리기 때문이요
낙보가 괴멸하는 괴로움이 눈앞에 나툼은
변화하는 마음이 조작하기 때문이리

116.

衆生由業風으로　　吹至所生處한대
중 생 유 업 풍　　　취 지 소 생 처

於彼生愛樂은　　　則爲業所拘리라
어 피 생 애 락　　　즉 위 업 소 구

중생들이 업력의 바람으로 말미암아

그 바람결에 소생처로 이르는데

거기서 애착하여 즐기는 마음을 내는 것은

바로 업력에 얽매이기 때문이다

117.

唯善不善業이　　　後世常相逐함은
유 선 불 선 업　　　후 세 상 상 축

猶如採其花면　　　彼香則隨至로다
유 여 채 기 화　　　피 향 즉 수 지

선업과 불선업이

후세에도 언제나 좇는 것은

예컨대 꽃을 따면

그 향이 따라 이르는 것과 같다

118.

衆生自業使하여　隨生滅流轉커니
중 생 자 업 사　수 생 멸 유 전

譬若彼鞦韆이　昇墜無休息이로다
비 약 피 추 천　승 추 무 휴 식

중생들은 스스로 업력의 심부름꾼이 되어

생사의 윤회를 따르거니

비유하자면 저 그네가

오르내림이 쉼 없는 것과 같도다

119.

於天人脩羅에서　六趣而往返은
어 천 인 수 라　육 취 이 왕 반

爲癡之所覆라서　不生眞實見일새니라
위 치 지 소 부　불 생 진 실 견

천天 인人 수라修羅 등

육취六趣에 가고 오고 하는 것은

어리석음이 덮여서

진실한 견해를 내지 못하기 때문이리

120.

又如世間輪이　　依手而旋轉이듯
우 여 세 간 륜　　　의 수 이 선 전

彼爲業所催인대　　速疾無與等토다
피 위 업 소 최　　　속 질 무 여 등

마치 세간의 수레바퀴가

손으로 굴려지듯이

저 업력으로 하여 재촉되는데

빠르기가 비교할 것이 없어라

121.

由業之所纏하여　　十二支和合커니
유 업 지 소 전　　　십 이 지 화 합

是名緣生輪인대　　世間無知者로다
시 명 연 생 륜　　　세 간 무 지 자

업력이 얽힘으로 말미암아

십이지十二支[23]가 화합하거니

이것이 인연 생기生起의 윤회인데

세간에서는 아는 자가 없도다

---

23 무명無明에서 노사老死에 이르는 12가지 구성요소를 통해 원인과 조건을 규명해 나가는 과정을 보여주고 있는 십이연기十二緣起를 가리킨다. 12

諸天癡所覆하여   常著於欲境일새
제 천 치 소 부   상 착 어 욕 경

가지 구성요소는 무명無明·행行·식識·명색名色·육입六入·촉觸·수受·애愛·취取·유有·생生·노사老死이다. 이 십이연기는 괴로움의 발생구조(유전문流轉門)와 소멸구조(환멸문還滅門)를 통해 삼세양중인과三世兩重因果의 생사윤회를 나타내고 있는 구조이다. 『상윳따 니까야』(12:1)에서 설하고 있는 십이연기의 정형구는 다음과 같다.

"비구들이여, 무명無明을 조건으로 의도적 행위들(행行)이, 의도적 행위들을 조건으로 알음알이(식識)가, 알음알이를 조건으로 정신·물질(명색名色)이, 정신·물질을 조건으로 여섯 감각장소(육입六入)가, 여섯 감각장소를 조건으로 감각접촉(촉觸)이, 감각접촉을 조건으로 느낌(수受)이, 느낌을 조건으로 갈애(애愛)가, 갈애를 조건으로 취착(취取)이 취착을 조건으로 존재(유有)가, 존재를 조건으로 태어남(생生)이, 태어남을 조건으로 늙음·죽음(노사老死)과 근심·탄식·육체적 고통·정신적 고통·절망(우비고뇌憂悲苦惱)이 발생한다. 이와 같이 전체 괴로움의 무더기(고온苦蘊)가 발생한다. 그러나 무명이 남김없이 빛바래어 소멸하기 때문에 의도적 행위들이 소멸하고, 의도적 행위들이 소멸하기 때문에 알음알이가 소멸하고, 알음알이가 소멸하기 때문에 정신·물질이 소멸하고, 정신·물질이 소멸하기 때문에 여섯 감각장소가 소멸하고, 여섯 감각장소가 소멸하기 때문에 감각접촉이 소멸하고, 감각접촉이 소멸하기 때문에 느낌이 소멸하고, 느낌이 소멸하기 때문에 갈애가 소멸하고, 갈애가 소멸하기 때문에 취착이 소멸하고, 취착이 소멸하기 때문에 존재가 소멸하고, 존재가 소멸하기 때문에 태어남이 소멸하고, 태어남이 소멸하기 때문에 늙음·죽음과 근심·탄식·육체적 고통·정신적 고통·절망이 소멸한다. 이와 같이 전체 괴로움의 무더기가 소멸한다."

唯業果長存하니　　彼樂無積聚로다
유 업 과 장 존　　　피 락 무 적 취

모든 하늘(육욕천六欲天)²⁴은 어리석음에 덮여 있어

늘 욕심의 경계에 집착하기에

업의 과보만이 길이 존재하니

낙보樂報는 쌓이지 못한다

123.

彼不知善業이　　如良藥明燈이어서
피 부 지 선 업　　　여 양 약 명 등

除暗獲輕安하여　　能爲作歸救니라
제 암 획 경 안　　　능 위 작 귀 구

저들은 선업이

좋은 약 같고 밝은 등불 같아서

어리석음을 없애고 심신의 홀가분함을 얻게 하여

악보惡報에서 벗어날 수 있게 함을 모르니라

24　욕계欲界 여섯 곳의 하늘세계이다. 이른바 천상의 욕계이다. 사왕천四王
　　天·도리천(忉利天: 三十三天)·야마천耶麻天·도솔천兜率天·화락천化樂天·
　　타화자재천他化自在天을 말한다.

124.

受難堪極苦와　　　及種種怖畏라도
수 난 감 극 고　　　급 종 종 포 외

是業有大力이어서　而不生疲勞라라
시 업 유 대 력　　　이 불 생 피 로

감당하기 어려운 극심한 괴로움과

가지각색의 두려움을 받아도

이들의 선업은 큰 힘이 있어서

지쳐 나태해지는 마음은 내지 않으리

125.

天滅生人中하고　　人歿墮地獄한대
천 멸 생 인 중　　　인 몰 타 지 옥

獄出作傍生하고　　復墮於鬼趣라라
옥 출 작 방 생　　　부 타 어 귀 취

하늘 복이 소멸되면 인간으로 나고

인간 복이 다하면 지옥에 떨어지는데

지옥에서 나오더라도 축생으로 생겨나고

거듭 아귀도에 떨어지리

126.

皆由彼業風으로　　飄轉而無定임은
개 유 피 업 풍　　　표 전 이 무 정

彼愚癡衆生이　　　未嘗生覺悟니라
피 우 치 중 생　　　미 상 생 각 오

모두 저 업력의 바람으로 말미암아

방황하여 정처가 없는 것은

저 어리석은 중생들이

일찍이 깨달으려는 맘을 내지 못해서이다

127.

衆生乘業車라서　　能行於三界로니
중 생 승 업 거　　　능 행 어 삼 계

餘乘則不然한대　　速疾無相似로다
여 승 즉 불 연　　　속 질 무 상 사

중생들은 업의 수레를 타기에

삼계三界[25]에 잘도 나들거니

다른 수레는 그렇지 않은데

업거業車의 빠름은 비슷한 게 없도다

---

25 감각적 쾌락의 세계인 욕계欲界, 형상의 세계인 색계色界, 무형상의 세계
인 무색계無色界의 세계를 말한다. 자세한 내용은 각주5 참조.

128.

若所作清淨하면　　則受其福報리니
약 소 작 청 정　　즉 수 기 복 보

唯於彼現生에　　則知其自業이리라
유 어 피 현 생　　즉 지 기 자 업

지은 바가 청정하면

복된 과보를 받으리니

오로지 그들의 현생에서

자기 자신의 업을 바로 알리라

129.

彼業如彩繪라서　　皆從心所起라
피 업 여 채 회　　개 종 심 소 기

所畫無不周기에　　長時而不滅하리라
소 화 무 부 주　　장 시 이 불 멸

저 업보는 채색 그림 같아서

다 마음을 좇아서 생기生起하는지라

그려진 업 그림은 두루 미치지 않음이 없기에

오랜 시간에 걸쳐 소멸되지 않으리

130.

謂廣大福報는　皆從業所生이어서
위 광 대 복 보　개 종 업 소 생

福業若盡時면　彼樂則散壞리라
복 업 약 진 시　피 락 즉 산 괴

크나큰 복된 업은

다 업을 좇아서 생겨나기 때문에

복업이 소진될 때면

저 낙보樂報도 바로 없어지리라

131.

於善若不廢면　彼樂則增長하리니
어 선 약 불 폐　피 락 즉 증 장

是故於善因으로　展轉常修作하리라
시 고 어 선 인　전 전 상 수 작

선업을 버리지 않는다면

저 낙보도 바로 늘어나리니

이런 까닭에 선한 인연으로

여기서나 저기서나 늘 닦고 지어야 하리

132.

於彼百千生에 　　受形軀骨鎖나
어 피 백 천 생 　　수 형 구 골 쇄

爲業之所纏일새 　則受種種報로다
위 업 지 소 전 　　중 무 안 락 상

저 하고많은 삶에 걸쳐

인간 몸을 받았으나

업보의 얽힘 때문에

일찍이 안락하다는 생각을 해본 적 없다

133.

若造種種因하면 　則受種種報러니
약 조 종 종 인 　　즉 수 종 종 보

當於此生中에 　　勤修諸善行이로다
당 어 차 생 중 　　근 수 제 선 행

가지각색의 인연을 지으면

각양각색의 과보를 받으니

당연히 이 생애 동안에

갖은 선행을 부지런히 닦아야 하리라

134.

業畫極工巧커니　　皆依心造作이라
업 화 극 공 교　　　개 의 심 조 작

業盡果則亡인대　　刹那不久住로다
업 진 과 즉 망　　　찰 나 불 구 주

업이 그리는 그림은 매우 정교하고 치밀하거니

다 마음에 의거하여 그려진다

업보가 소진되면 과보도 없어지는데

순식간에 오래 머물지 못하게 되누나

135.

唯自業爲親하면　　於他何所得이랴
유 자 업 위 친　　　어 타 하 소 득

善調伏其心하면　　如理而安住리라
선 조 복 기 심　　　여 리 이 안 주

오로지 자기 자신의 업만 친근하면

남에게서 무엇을 얻겠는가?

그런 마음을 잘 항복받는다면

본인의 이치대로 편히 살으리

136.

以業自莊嚴은　　則非餘所作이기에
이 업 자 장 엄　　즉 비 여 소 작

於百生千生에　　而未曾暫捨로다
어 백 생 천 생　　이 미 증 잠 사

업으로써 자기 자신이 장엄한 것은

남이 지은 것이 아니기에

하고많은 삶에서

일찍이 잠깐도 버려 본 적 없도다

137.

若了知生滅과　　及眞實因果하면
약 료 지 생 멸　　급 진 실 인 과

則離諸罪垢하고　　得至不滅處리라
즉 리 제 죄 구　　득 지 불 멸 처

생멸生滅과

진실한 인과를 명료하게 안다면

바로 온갖 허물을 여의고

불멸의 당처當處[26]에 이를 수 있으리라

---

26 불사不死의 경지, 즉 해탈·열반의 경지를 말한다.

138.

所造作諸業하면　迂曲常相隨리니
소 조 작 제 업　　우 곡 상 상 수

如輻依彼輪하여　於世間旋轉하리라
여 복 의 피 륜　　어 세 간 선 전

갖은 업이 지어지면

굽이치듯 늘 따르게 마련이니

바큇살이 저 수레바퀴에 의거하듯이

세간에서 돌고 돌아다니리

139.

當以慧揀擇하고　如理而修作하면
당 이 혜 간 택　　여 리 이 수 작

是爲調御師여서　永脫諸煩惱리라
시 위 조 어 사　　영 탈 제 번 뇌

지혜로써 가릴 줄 알고

본연의 이치대로 닦고 지을 줄 안다면

이런 사람은 조어사調御師²⁷가 되어

---

27 여래십호如來十號 가운데 하나인 조어장부調御丈夫와 같은 말이다. 붓다
는 대자大慈·대비大悲·대지大智이거니와, 중생의 신신身·구구口·의의意 삼업三
業을 잘 조화시켜 갖가지 악한 행위를 제어(조복調伏)함으로써 정도正道를

100

길이 모든 번뇌에서 해탈할 것이다

잃지 않도록 하는 분이라는 뜻에서 조어사 또는 조어장부라고 한다. 참고로 붓다의 열 가지 호칭을 나타내는 여래십호는 여래如來·응공應供·정변지正遍知·명행족明行足·선서善逝·세간해世間解·무상사無上士·조어장부調御丈夫·천인사天人師·불세존佛世尊이다. ①여래如來는 '진리로부터 온 사람' 또는 '피안에 도달한 사람'이라는 두 가지 뜻으로 해석된다. '진리를 여실히 깨닫고 가셨다'는 뜻에서 여거如去라고도 한다. ②응공應供은 온갖 번뇌를 끊어서 인간과 천상의 중생들로부터 '마땅히 공양 받을 만한 덕 있는 분'이라는 뜻이다. ③정변지正偏知는 '우주 삼라만상의 이치를 완전히 깨달으신 분'이라는 뜻이다. 정각正覺·등각等覺·정등각正等覺·등정각等正覺과 같은 말이다. ④명행족明行足은 '지혜와 실천을 구족하신 분'이라는 뜻이다. 명明은 무상정변지無上正偏知이고, 행족行足은 각족脚足이다. 각족은 계戒·정定·혜慧 삼학三學을 뜻한다. 다시 말해 붓다는 삼학의 각족에 의해 무상정변지를 얻었다고 해서 명행족이라고 부르게 된 것이다. ⑤선서善逝는 '깨달음의 경지인 피안彼岸으로 잘 가신 분'을 지칭한다. 생사윤회의 고해苦海에 다시는 빠지지 않기 때문에 붙여진 호칭이다. 그래서 호거好去 또는 묘왕妙往이라고도 한역된다. ⑥세간해世間解는 '세간을 잘 알고 계신 분'을 뜻한다. 붓다는 출세간뿐만 아니라 세간의 삶의 이치와 원리를 잘 알아서 고통 받고 있는 중생들을 구제한다는 의미이다. ⑦무상사無上士는 '더없이 높으신 분'을 의미한다. 복덕과 지혜를 구족해 이보다 완전한 이가 없다는 뜻이다. 무상장부無上丈夫라고도 한다. ⑧조어장부調御丈夫 ⑨천인사天人師는 '하늘과 인간의 스승'이라는 뜻이다. 하늘과 인간세계의 중생들을 모두 해탈하도록 인도하는 스승이라는 뜻에서 붙여진 이름이다. ⑩불세존佛世尊은 붓다와 세존의 합성어로서, 붓다는 '깨달은 사람(각자覺者)'이고, 세존은 '세상에서 가장 존귀하다'는 뜻이다. 즉 '깨달음을 얻은 세상에서 가장 존귀한 사람'을 가리킨다.

교시중생품 제14

140.

謂貪恚癡垢라	及老病死苦컨대
위 탐 에 치 구	급 노 병 사 고
此六如深冤이라서	能損諸含識커니
차 육 여 심 원	능 손 제 함 식

탐욕 성냄 어리석음의 허물과

늙음 병듦 죽음의 괴로움을 이르건대

이 여섯은 마치 깊이 서린 원한 같아서

모든 중생(유정有情)을 해칠 수 있거니

141.

又五境如賊은	能劫功德財하니
우 오 경 여 적	능 겁 공 덕 재
初如彼親朋이나	後則爲冤害로다
초 여 피 친 붕	후 즉 위 원 해

색色 성聲 향香 미味 촉觸의 오욕락五欲樂은

공덕의 재산을 약탈할 수 있으니

처음에는 저 친족이나 벗과 같겠지만

나중에는 원수 같은 해로움이 될 것이다

142.

由心生放逸일새　　於欲境囂馳면
유 심 생 방 일　　　어 욕 경 효 치

能令諸衆生으로　　趣地獄餓鬼리라
능 령 제 중 생　　　취 지 옥 아 귀

마음에 방일放逸함을 내기 때문에

오욕락의 경계에서 시끌벅적하게 방종하면

마침내 중생들로 하여금

지옥이나 아귀도를 붙좇게 하리라

143.

貪爲其熾火하고　　瞋則如彼冤하며
탐 위 기 치 화　　　진 즉 여 피 원

黑暗說爲癡니　　　是三皆可畏로다
흑 암 설 위 치　　　시 삼 개 가 외

탐욕은 치열한 불길이 되고

성냄은 저 원수와 같으며

인과에 어두운 것은 어리석음이니

이 삼독심三毒心은 두려워해야 한다

144.

謂三十六業과	及彼四十行과
위 삼 십 육 업	급 피 사 십 행
九十八煩惱가	周遍於三界로다
구 십 팔 번 뇌	주 변 어 삼 계

말하자면 서른여섯 가지 업(三十六業)과

저 마흔 가지 행(四十行)과

아흔여덟 가지 번뇌(九十八煩惱)[28]가

---

28 인간의 잠재적인 98종의 근본번뇌. 구체적으로는 견혹見惑 88사使에 수
혹修惑 10혹惑을 더한 98가지 번뇌를 말한다. 견혹이란 견도見道의 계위
(네 부류의 성자 가운데 첫 번째인 예류자)에서 끊는 번뇌를 뜻한다. 사고·지
식·인식작용에 바탕을 둔 번뇌, 즉 이치에 미혹한 번뇌라고 해서 미리혹
迷理惑이라고 한다. 견해가 잘못된 것인 줄만 알면 곧 없어지는 번뇌, 또는
바로 볼 수만 있으면 곧 해탈된다는 뜻을 가진 번뇌라는 점에서 '견도소
단혹見道所斷惑'이라고 일컫는다. 견도의 계위에 해당하는 예류자(수다원:
sotāpatti)는 유신견有身見·계금취견戒禁取見·의심의 세 가지 족쇄를 완전
히 풀어버린 성자를 말한다. 수혹은 수도修道의 계위(네 부류의 성자 가운데
2, 3계위인 일래자·불환자)에서 끊어지는 번뇌를 말한다. 현상의 참된 모습
(실상實相)을 알지 못하는 번뇌라고 해서 미사혹迷事惑이라고도 한다. 정서
적·의지적·충동적 번뇌로서, 번뇌의 성질이나 내용을 알았다고 해서 곧
바로 바뀌지 않는 번뇌이다. 돈·명예·색욕이 한갓 욕망에 불과한 줄 알

삼계三界에 두루하도다

145.

離十二因緣과　　一百八煩惱하고
이 십 이 인 연　　일 백 팔 번 뇌

善解法非法하면　　常獲無量樂이로다
선 해 법 비 법　　상 획 무 량 락

십이인연[29]과

백팔번뇌[30]를 여의고

고 시기·질투가 나쁜 줄 알면서도 그러한 심리작용이나 습관이 일시에
제거되지 않는 것과 같다. 따라서 표면상으로는 견혹이 강력한 영향력을
행사하는 반면, 수혹은 정신의 이면에 깊은 뿌리를 내리고 내재하여 인간
의 삶을 이끌어가는 번뇌로서 좀처럼 끊어지지 않는 경향을 가지고 있다.
따라서 수혹은 거울의 때를 닦고 칼을 숫돌에 갈듯이 점차로 끊어야 한
다는 뜻에서 '수도소단혹修道所斷惑'이라고 한다. 수도의 계위에 해당하는
일래자(사다함: sakadāgami)는 앞의 세 가지 족쇄(유신견·계금취견·의심)가
완전히 풀렸을 뿐만 아니라 감각적 욕망(탐욕貪欲)과 적의(진에瞋恚)의 두
가지 족쇄가 아주 엷어진 성자를 말하고, 불환자(아나함: anāgami)는 앞의
다섯 가지 족쇄(오하분결五下分結)를 완전히 풀어버린 성자를 말한다. 참고
로 이 98종의 근본번뇌에 탐심貪心과 진심瞋心과 치심癡心의 근본번뇌에
서 일어나는 10가지 부수적인 번뇌를 더하여 백팔번뇌가 된다.

29 각주23 참조.

30 중생의 번뇌를 108가지로 분류한 것. 108이란 숫자는 '많다'는 뜻으로 쓰
이기도 하나, 후대로 내려오면서 백팔번뇌의 산출법이 뚜렷이 나타나게

법法과 비법非法을 잘 요해하면

언제나 한량없는 낙보樂報를 획득하리라

146.

於十六現觀과　　及彼十六空에서
어 십 육 현 관　　급 피 십 육 공

了我法二相하면　　是名爲智者로다
요 아 법 이 상　　시 명 위 지 자

─────

되었다. 백팔번뇌의 산출법은 흔히 두 가지 설이 전한다. 첫 번째는 눈·
귀·코·혀·몸·마노(마음)의 육근六根과 육근의 대상이 되는 색깔·소리·
냄새·맛·감촉·법(마음의 대상)의 육경六境이 서로 작용하여 일어나는 갖
가지 번뇌에 대한 산출법이다. 육근이 육경을 만나 각각 좋고(호好), 나쁘
고(오惡), 좋지도 싫지도 않은(평등平等) 세 가지 인식작용을 하게 되는데,
이것이 곧 3×6＝18의 18번뇌가 된다. 또한 호·오·평등에 의거해 즐겁
고 기쁜 마음이 생기거나(낙수樂受), 괴롭고 언짢은 마음이 생기거나(고
수苦受), 즐겁지도 괴롭지도 않은 상태가 생기기도(사수捨受) 한다. 이 고·
락·사수의 세 가지 느낌(삼수三受)을 육근과 육경의 만남에서 생겨나는
육식六識에 곱하면 역시 18번뇌가 성립된다. 이와 같은 36종의 번뇌에 전
생·금생·내생의 삼세를 곱하면 108의 숫자가 되어 백팔번뇌의 실제 수
를 얻게 된다는 것이다. 두 번째는 보다 깊은 교리적인 해설에 의거하고
있는데, 이 산출법은 수행을 통해 번뇌를 원천적으로 제거한다는 입장을
잘 반영하고 있다. 이것은 사고의 영역에 속하는 번뇌요, 실천의 영역에
속하는 번뇌를 근거로 산출한 방식이다. 이의 구체적인 내용은 각주28에
기술되어 있다.

십육현관十六現觀[31]과

저 십육공十六空[32]에서

---

31 현관現觀은 산스끄리뜨어 abhisamaya의 역어로서, 지혜로써 대상을 있
는 그대로 명료하게 파악하는 것을 말한다. 구사종具舍宗에서는 견도위見
道位에서 무루지無漏智를 가지고 사성제四聖諦의 이치를 관하는 데 삼현관
三現觀을 설하고 있는데, 견현관見現觀·연현관緣現觀·사현관事現觀이 그것
이다. 사현관에 대해 대중부에서는 1찰나의 마음으로 일시에 '사성제'를
현관한다고 하여 돈현관頓現觀을 주장하는 것에 비해, 유부有部에서는 8
인八忍 8지八智의 16찰나로 차례대로 현관한다고 하여 점현관漸現觀을 주
장하는바 16현관은 이를 일컫는다.

32 '있다'고 집착하는 견해를 타파하기 위한 공(空, suñña)의 개념 열여섯 가
지를 말한다. ①내공內公: 신체의 여섯 감각기관인 육근이 공하다는 것이
다. ②외공外空: 신체 바깥의 여섯 감각대상인 육경이 공하다는 것이다.
③내외공: 육근과 육경이 모두 공하다는 것입니다. ④공공空空: 공 또한
공하다는 것이다. ⑤대공大空: 동서남북 사유상하 시방세계 전체가 공하
다는 것이다. ⑥승의공(勝義空, 제일의공第一義空): 제일의는 궁극적 진리의
본체인 진여眞如나 열반 등을 말한다. 불교에서 말하는 최고의 진리상도
사실은 공하다는 의미이다. ⑦유위공有爲空: 인연으로 형성된 모든 현상
의 존재(일체유위법)는 공하다는 것이다. ⑧무위공無爲空: 인연에 의해 생
기지 않는 허공·열반 등과 같은 무위법도 공하다는 것이다. ⑨필경공畢
竟空: 불교 외의 사상에서 말하는 실유관實有觀이나 불교에서의 나(我)와
법法에 집착하는 실유관도 모두 공하다는 것이다. ⑩무제공無際空: 시공간
의 제약 없이 공하다는 것이다. ⑪산공散空: 현상계는 인연에 의해 생성되
므로 인연의 화합이 소멸하면 공하게 된다는 것이다. ⑫본성공本性空: 일
체 존재요소의 자성自性이 공이라는 의미로서, 인연에 의하지 않고 스스

아我와 법法의 두 가지 상을 요달하면

이런 사람을 지자智者라 한다

147.

善達道非道와　　及彼四究竟하면
선 달 도 비 도　　　급 피 사 구 경

解脫四瀑流하여　　能滅諸罪垢리라
해 탈 사 폭 류　　　능 멸 제 죄 구

도道와 비도非道와

저 사구경四究竟[33]을 잘 요달하면

로 존재하는 본래의 실체가 공하다는 것이다. ⑬자상공自相空: 본성공本性空이 불성과 진여의 본체가 그대로 공함을 말하는 총상總相이라면, 자상공은 온갖 만물의 개별적인 존재성인 별상別相을 부정함이다. ⑭일체법공一切法空: 일체법이 공하다는 것이다. ⑮무성공無性空: 인법人法이 공이므로 일물一物도 집착할 것 없이 공하다는 것이다. ⑯무성자성공無性自性空: 무성無性도 역시 자성自性이 공하다는 것이다. 대승경전의 모체인 『대품반야경大品般若經』「교계교수품敎誡敎授品」에는 무변이공(無變異空: 변화가 없는 것 역시 공하다는 것)·공상공(空相空: 공상이 공하다는 것)·불가득공(不可得空: 인식론적으로 무엇을 알고 얻을 것이 있다는 관념조차 있을 수 없다는 것)·자성공(自性空: 자성이 공하다는 것) 등 4가지를 더해 20공을 서술하고 있다.

33 네 가지 구경법究竟法을 의미한다. 구경究竟이라 함은 그 자신의 고유성질을 갖고 있어 더 이상 분해할 수 없는 존재의 구성요소이며, 경험을 정확

네 가지 폭류에서 해탈하여
능히 모든 허물을 소멸시킬 것이다

하게 분석한 결과로서 존재하는 궁극의 단위를 말한다. 이것을 불교, 특히 아비담마와 아비달마에서는 법法이라고 한다. 구경은 우리들이 흔히 보고 느끼는 표상을 일컫는 개념적이고 인습적인 존재에 대하여 '궁극적인 것'이라고 표현하기도 한다. 이러한 궁극적인 것들은 더 이상 분해되지 않는 것이며, 이들 자체가 다양한 경험으로 뭉뚱그려진 개념적 존재들을 구성하고 있는 최소 단위요 실재이다. 사람들은 대부분 개념들로 뒤덮여 있어서 궁극적인 것을 보지 못한다. 우리는 대상을 지혜롭게 마음에 잡도리함으로써 개념을 넘어서 보게 되고 궁극적인 것을 앎의 대상으로 삼을 수 있다. 곧 궁극적인 것은 '최상의 지혜'의 영역에 속하는 것이다. 이처럼 궁극적인 것, 즉 구경법에는 모두 네 가지가 있다. 마음(심법心法)·마음부수(심소법心所法)·물질(색법色法)·열반涅槃이 그것이다. 아비담마에 따르면 마음은 1가지, 마음부수는 52가지, 물질은 28가지, 열반은 1가지 등 모두 82가지 구경법이 있다. 초기경전에서 부처님께서는 존재나 개인을 다섯 가지 무더기, 즉 오온五蘊으로 해체하신다. 물질의 무더기(색온色蘊), 느낌의 무더기(수온受蘊), 인식의 무더기(상온想蘊), 심리현상들의 무더기(행온行蘊), 알음알이의 무더기(식온識蘊)가 그들이다. 이들 가운데 알음알이의 무더기는 아비담마의 마음과 일치하고, 느낌의 무더기·인식의 무더기·심리현상들의 무더기는 마음부수와 일치하며, 물질의 무더기는 물질과 일치한다. 아비담마에서는 마음·마음부수·물질에 열반을 포함해 모두 네 가지 구경법을 인정한다. 열반은 오온에는 포함되지 않으며, 형성된 것들에 내재한 괴로움으로부터 궁극적으로 해탈한 경지를 의미한다. 그래서 마음·마음부수·물질은 유위법(형성된 것들)이라고 하며, 열반은 무위법(형성되지 않은 것)이라고 부른다.

148.

修習八聖道하여	出二種生死면
수 습 팔 성 도	출 이 종 생 사
顯現彼十力하여	得證菩提果로다
현 현 피 십 력	득 증 보 리 과

여덟 가지 성스러운 길(팔성도八聖道)[34]을 닦고 익혀서

---

34 '여덟 가지 구성요소를 가진 성스러운 도'라는 의미로 팔지성도八支聖道·
팔성도八聖道라고 한다. 우리에게는 팔정도八正道로 정착되어 있다. 팔정
도는 바른 견해(정견正見)·바른 사유(정사유正思惟)·바른 말(정어正語)·바
른 행위(정업正業)·바른 생계(정명正命)·바른 정진(정정진正精進)·바른 마음
챙김(정념正念)·바른 삼매(정정正定) 등 여덟 항목으로 구성되어 있다. 『상
윳따 니까야』 56:11 「초전법륜경」에 따르면 팔정도는 곧 '통찰력을 주며,
지혜를 주며, 평화를 주며, 깨달음으로 이끌고, 열반으로 이끈다'는 중도
中道를 의미한다. 『상윳따 니까야』 45:8 「분석경」에 의거해 팔정도를 옮
기면 다음과 같다. ①바른 견해(정견)는 괴로움에 대한 지혜(고성제苦聖諦),
괴로움의 일어남에 대한 지혜(집성제集聖諦), 괴로움의 소멸에 대한 지혜
(滅聖諦), 괴로움의 소멸로 인도하는 도 닦음에 대한 지혜(道聖諦)를 말한
다. 한마디로 바른 견해는 사성제四聖諦에 대한 지혜를 의미한다. 괴로움
의 발생구조와 소멸구조를 나타내고 있는 십이연기의 유전문과 환멸문
은 각각 사성제의 집성제와 멸성제에 해당된다는 점에서 사성제와 연기
의 가르침은 같은 내용을 담고 있거니와, 곧 이것을 바르게 보는 것이 팔
정도의 정견이라고 할 수 있다. ②바른 사유(정사유)는 욕망에서 떠난 생
각(출리사유出離思惟), 성냄을 떠난 생각(무에사유無恚思惟), 폭력을 떠난 생각
(무해사유無害思惟)을 말한다. 이는 불자들이 평소 세상과 남에 대해서 항

범부 성자의 두 가지 생사관에서 나온다면

상 지녀야 할 바른 생각을 뜻한다. 이를 적극적으로 표현하면 초기경전에서 붓다가 강조하신 자애(자慈)·연민(비悲)·더불어 기뻐함(희喜)·평온(사捨)의 네 가지 거룩한 마음가짐(사범주四梵住: 사무량심四無量心)을 갖는 것이라 할 수 있다. ③바른 말(정어)은 거짓말하지 않고(불망어不妄語), 이간질하지 않고(불양설不兩舌), 악담하지 않고(불악구不惡口), 쓸모없는 말을 삼가는 것(불기어不綺語)을 말한다. ④바른 행위(정업)는 살아있는 생명을 죽이지 않고(불살생不殺生), 주지 않는 것을 갖지 않으며(불투도不偸盜), 감각적 쾌락을 위해 잘못된 성행위를 하지 않는 것(불사음不邪淫)을 말한다. 이는 행위에 해당하는 내용이다. 행위에는 세 가지 무서운 독이라고 하는 삼독三毒, 즉 탐욕과 성냄과 어리석음의 의도가 반드시 뒤따른다. 바른 행위라 함은 이러한 삼독에 대한 의도적인 소멸을 의미한다. 그래서 의도적으로 살생하고, 훔치고, 비윤리적인 성적 행위를 하는 것으로부터 벗어나려는 끊임없는 노력이 중요하다. ⑤바른 생계(정명)는 잘못된 생활수단을 버리고 바른 생계유지 방법으로 생활하는 것을 말한다. 재가불자는 살생무기의 판매, 인신매매 및 매춘이나 동물판매 등 생명의 판매, 고기의 판매, 술의 판매, 독극물의 판매 등 다섯 가지의 판매에 종사해서는 안 된다고 가르친다. 출가자는 기만, 요설, 점술, 고리대부 등으로 생계를 유지해서는 안 된다. 이에 따르면 바른 생계는 바른 말과 바른 행위에 기반을 둔 직업적인 일에 종사하면서 생계를 유지해야 한다는 것을 의미한다. 재가자의 바른 생계에 대해서는『앙굿따라 니까야』의「장사경」에서도 살펴볼 수 있으며, 출가자가 지켜야 할 바른 생계 등의 계행은『디가 니까야』(계온품)의「범망경」등 13개 경들을 참고할 수 있다. ⑥바른 정진(정정진)은 아직 일어나지 않은 사악하고 해로운 법(불선법不善法)들을 일어나지 못하게 하기 위해서(율의근律儀勤), 이미 일어난 사악하고 해로운 법들을 제거하기 위해서(단근斷勤), 아직 일어나지 않은 유익한 법(선법善法)들을 일어

저 여래의 십력十力[35]을 나투어서

나도록 하기 위해서(수근修勤), 이미 일어난 유익한 법들을 더욱 증장시키기 위해서(수호근守護勤) 의욕을 일으키고 정근하고 힘을 내고 마음을 다잡아 애를 쓰는 것을 말한다. 이러한 정정진은 초기불교의 수행덕목인 37보리분법의 네 가지 바른 노력(사정근四正勤)과 네 가지 성취수단(사여의족四如意足)의 두 번째인 정진여의족, 오근五根·오력五力의 두 번째인 정진의 기능(정진근精進根)과 정진의 힘(정진력精進力), 칠각지七覺支의 세 번째인 정진의 깨달음의 구성요소(정진각지精進覺支)로 나타나기도 한다. ⑦바른 마음챙김(정념)은 온전한 알아차림과 마음챙김으로 세상에 대한 탐욕과 낙담을 버리고 몸을 몸으로, 느낌을 느낌으로, 마음을 마음으로, 존재를 존재로 관찰하며 머무는 것을 말한다. 이는 몸(신身)과 느낌(수受)과 마음(심心)과 존재(법法)에 대해 항상함이 없고(무상無常), 괴로운 것이고(고苦), 사실상 실체가 없고(무아無我), 번뇌에 덮인 더러운 것(부정不淨)이라는 이치를 관찰함으로써 있는 그대로의 모습이 아닌 것에 집착하지 말라는 교훈이다. ⑧바른 삼매(정정)는 선하고 건전한 마음의 상태에서 집중하는 것이다. 마음의 다섯 가지 장애(오장五障)를 선정의 다섯 가지 요소(오선지五禪支)로 전환시키는 집중명상을 말한다. 마음의 다섯 가지 장애라 함은 해태와 혼침(혼침수면昏沈睡眠)·의심(의疑)·성냄(진에瞋恚)·흥분과 회한(도거악작掉擧惡作)·감각적 쾌락(애탐愛貪)이다. 이에 각각 대조되는 선정의 다섯 가지 요소라 함은 사유(심尋)·숙고(사伺)·기쁨(희喜)·즐거움(낙樂)·집중(정定; 심일경성心一境性: 마음을 하나의 대상에 집중하는 명상)이다. 이는 마음의 멈춤과 대상의 관찰을 의미한다. 마음의 멈춤은 지(止: samatha)이며, 대상의 관찰은 관(觀: vipassana)을 말한다.

35 여래가 갖추고 있는 열 가지 힘. 이러한 열 가지 힘으로 말미암아 여래는 대웅大雄의 위의를 천명하고, 회중에서 사자후를 토하고, 수승한 바퀴를 굴린다고 한다. 『맛지마 니까야』 「사자후의 큰 경」에 의거해 여래십력을

보리과菩提果³⁶를 증득하리라

보리과菩提果[36]를 증득하리라

149.

明眞俗二諦라　　及彼四念處하면
명 진 속 이 제　　급 피 사 념 처

除三際無知라　　不爲魔所伏하리라
제 삼 제 무 지　　불 위 마 소 복

―――

옮기면 다음과 같다. ① 처비처지력處非處智力: 원인을 원인이라고, 원인이 아닌 것은 원인이 아닌 것이라고 있는 그대로 꿰뚫어 아는 지혜. ② 업이숙지력業異熟智力: 과거·현재·미래에 업의 과보가 어떤 원인으로 작용하는지 있는 그대로 아는 지혜. ③ 변취행지력遍趣行智力: 지옥·아귀·축생·수라·인간·천상의 육도와 출세간 중 태어날 곳으로 인도하는 길을 있는 그대로 아는 지혜. ④ 종종계지력種種界智力: 오온, 십이처, 십팔계 등 존재와 세계에 대한 여러 가지 삶의 구성요소들을 있는 그대로 아는 지혜. ⑤ 종종승해지력種種勝解智力: 중생들의 다양한 성향들을 있는 그대로 아는 지혜. ⑥ 근상하지력根上下智力: 중생들의 근기를 있는 그대로 아는 지혜. ⑦ 정려해탈등지등지지력靜慮解脫等持等至智力: 선정과 해탈, 삼매와 증득과 관련하여 오염과 청정과 벗어남을 있는 그대로 아는 지혜. ⑧ 숙주수념지력宿住隨念智力: 한량없는 전생의 갖가지 삶들을 기억하는 지혜(숙명통). ⑨ 사생지력死生智力: 천안으로 중생들이 죽어 업에 따라 태어나는 것을 있는 그대로 아는 지혜(천안통). ⑩ 누진지력漏盡智力: 모든 번뇌가 다하여 아무 번뇌가 없는 마음의 해탈(심해탈心解脫)과 통찰지의 해탈(혜해탈慧解脫)을 바로 지금 여기에서 구족한 최상의 지혜(누진통).

36 각주7과 같다.

116

진제眞諦와 속제俗諦[37], 두 사실과

저 신身 수受 심心 법法의 사념처四念處[38]를 밝히면

---

37 진제眞諦와 속제俗諦는 이를 통칭해 진속이제라고 하며, 줄여서 이제二諦 라고도 한다. 진제는 승의제勝義諦 또는 제일의제第一義諦라고도 하며, 속 제는 세속제世俗諦 또는 세제世諦라고도 한다. 제諦란 진리를 뜻한다. 속제 는 세간의 진리로서 일반사람들에게 알려진 상대적인 진리를 뜻하고, 진 제는 궁극의 진리로서 곧 열반을 뜻한다. 대승불교에서는 속제는 인간의 언어나 사상의 세계에 속하는 것이며, 진제는 이를 초월한 공空의 진리로 정의하고 있거니와 속제에 의해서 진제를 얻을 수 있다고도 주장한다.

38 초기불교의 수행덕목인 37보리분법 또는 37조도품 가운데 항상 제일 먼 저 나타나는 가르침이 '네 가지 마음챙김의 확립'으로 해석되는 사념처 이다. 마음챙김(염念)은 빠알리어 sati(산스끄리뜨어 smṛti)의 역어로서 사전 적 의미는 기억 또는 억념憶念이다. 그러나 초기불전에서 사띠(sati)는 거 의 대부분 기억이라는 의미로는 쓰이지 않는다. 기억이라는 의미로 쓰일 때는 주로 접두어 'anu-'를 붙여 'anussati'라는 술어를 사용한다. 『청정도 론』 등의 주석서 문헌에 따르면 마음챙김은 다섯 가지로 설명되고 있다. 첫째, 대상에 깊이 들어가 대상을 잊지 않거나 대상과 직면하는 것이다. 둘째, 들숨날숨에 마음을 챙기면서 불선법이 일어나는 것을 막는 문지기 와 같다. 셋째, 대상을 거머쥐고(파지把持, 파악把握)로써 통찰지(반야)로써 관찰 하는 것이다. 넷째, 대상에 대한 확립이다. 몸(신身)과 느낌(수受)과 마음 (심心)과 법法을 각각 무상無常, 괴로움(고苦), 무아無我, 더러움(부정不淨)이 라고 파악하면서, 또한 항상함(상常), 행복(락樂), 자아(아我), 깨끗함(정淨) 이라는 인식을 버리는 역할을 성취하면서 일어나기 때문에 네 가지 마음 챙김의 확립이라고 한다. 다섯째, 마음을 지키고 보호하는 것이다. 마음 챙김은 특히 마음을 해탈과 연결시켜주는 중요한 기능을 담당한다. 이 사

삼세三世에 걸친 무지無知가 제거되어
마구니에게 굴복되지 않으리

150.

是五欲境界는　　初甘後則苦라서
시 오 욕 경 계　　초 감 후 즉 고

令墮諸險難하니　　是故常遠離니라
영 타 제 험 난　　시 고 상 원 리

이들 다섯 욕심의 경계는
처음에는 달콤하지만 뒤에는 쓰디쓴 괴로움이어서
갖은 험난한 길에 떨어지게 하거니
이런 까닭에 언제나 멀리 여의어야 한다

151.

以正智思惟하여　　伏斷諸煩하라
이 정 지 사 유　　복 단 제 번

斯爲具智人이라　　世世常安隱하리라
사 위 구 지 인　　세 세 상 안 은

본연의 지혜로써 사유하여

───

　念處는 『디가 니까야』 「대념처경」과 『맛지마 니까야』 「염처경」에서 완성
　된 형태로 나타나고 있다.

삼가 뭇 번뇌를 단멸하라

이런 이는 지혜를 갖춘 사람이라서

세세생생에 편안하게 살 것이다

152.

智能斷諸惑하니   猶火焚乾薪하여
지 능 단 제 혹   유 화 분 건 신

正智若增明이면   令三寶顯現이리라
정 지 약 증 명   영 삼 보 현 현

지혜는 모든 미혹을 능히 끊어 내리니

불길이 마른 섶을 태우는 것과 같아서

본연의 지혜가 한층 더 밝으면

삼보三寶가 목전에 드러나게 되리라

153.

若樂智境界려면   常住寂靜法하라
약 락 지 경 계   상 주 적 정 법

煩惱如毒蛇여서   則能害諸善하리니
번 뇌 여 독 사   즉 능 해 제 선

지혜로운 경계를 즐기려 한다면

늘 열반의 고적하고 편안한 법에 머무르라

번뇌는 독사와 같아서

바로 모든 선업을 해칠 수 있으리니

154.

若具眞實見하면   能利於自他로다
약 구 진 실 견   능 리 어 자 타

離老死過患하면   住最上寂靜하라
이 노 사 과 환   주 최 상 적 정

진실한 견해를 갖추면

능히 자신과 남에게 이롭다

노사老死의 과실과 근심을 여의려면

최상의 열반적정법涅槃寂靜法[39]에 머무르라

155.

若樂於輪迴면   常爲彼纏縛하여
약 락 어 윤 회   상 위 피 전 박

是煩惱冤賊이   遍三有逼迫하리라
시 번 뇌 원 적   변 삼 유 핍 박

---

39 탐욕(貪)의 온전한 소멸, 성냄(瞋)의 온전한 소멸, 어리석음(癡)의 온전한
소멸로써 마음이 안온한 상태를 의미한다. 모든 번뇌의 불꽃이 꺼진 평온
한 마음 상태 또는 온갖 번뇌와 분별이 소멸된 마음 상태와 같은 뜻이다.

만일 윤회생사를 즐긴다면
언제나 저 얽힘으로 하여
이 때문에 번뇌의 원수나 도적들이
일생 동안(삼유三有)에 걸쳐 핍박할 것이다

156.

若人知佛教면　　爲衆生演說하라
약 인 지 불 교　　위 중 생 연 설

常修純淨行하면　　得生於梵天하리라
상 수 순 정 행　　득 생 어 범 천

누구든 붓다의 가르침을 알거든
중생들을 위하여 널리 설하라
언제나 순수한 청정행을 닦는다면
범천梵天에 태어나리라

157.

若厭離三毒하면　　常供養諸佛커니
약 염 리 삼 독　　상 공 양 제 불

破壞彼輪迴는　　如燃於槁木이로다
파 괴 피 윤 회　　여 연 어 고 목

삼독심三毒心이 싫어서 여의려 한다면

항상 붓다에게 공양해야 하거니

저 윤회를 부수는 것은

마치 마른 나무를 태우는 것과 같도다

158.

若人知苦因하고　　而不造諸罪하면
약 인 지 고 인　　　이 부 조 제 죄

無量煩惱聚도　　　於彼無能縛이리라
무 량 번 뇌 취　　　어 피 무 능 박

누구든 괴로움의 인연을 알고 나서

갖은 허물을 짓지 않는다면

한량없는 번뇌들이라 해도

저들을 얽을 수 없으리

159.

智爲勝光明이요　　癡爲極黑暗이니
지 위 승 광 명　　　치 위 극 흑 암

若能善分別하면　　此說爲智者로다
약 능 선 분 별　　　차 설 위 지 자

지혜는 수승한 광명이요

어리석음은 (지혜의 빛이 전혀 없는) 어둠침침함이니

잘 분별할 수 있으면

이런 이를 지혜로운 사람이라 하겠다

160.

若離癡過失이면　　則諸險難하리니
약 리 치 과 실　　즉 제 험 난

爲癡之所覆면　　何能得解脫이리오
위 치 지 소 부　　하 능 득 해 탈

어리석음의 과실을 여의면

온갖 험난한 업이 없어지리라

어리석음이 덮이게 되면

어떻게 해탈할 수 있겠는가?

161.

寧觸於猛火커나　　及毒蛇共處면서
영 촉 어 맹 화　　급 독 사 공 처

善求寂滅樂이언정　　不應與癡俱리라
선 구 적 멸 락　　불 응 여 치 구

차라리 맹렬한 불길을 접한다거나

독사와 함께 살면서

실로 적멸의 낙樂을 구할지언정

어리석음과는 함께 하지 않으리

162.

愚人無正智는	如盲處黑暗하니
우인무정지	여맹처흑암
不怖畏輪迴면	常造非法行이니라
불포외윤회	상조비법행

어리석은 사람이 본연의 지혜가 없음은

마치 눈 먼 사람이 깜깜하게 사는 것 같으니

윤회생사를 두려워하지 않으면

비법非法의 행위를 하게 된다

163.

衆生爲癡誑하며	常起於愛染하여
중생위치광	상기어애염
受世間貧窮코는	爲衰老逼迫호리라
수세간빈궁	위쇠로핍박

중생들은 어리석음 때문에 속아 살며

항상 갈애渴愛의 번뇌를 일으키기에

세간의 가난한 삶을 받아서는

노쇠함에 바싹 죄어 괴롭게 살게 되누나

164.

由三世業果하여　　從地獄生天하고
유 삼 세 업 과　　　　종 지 옥 생 천

或天墮畜生하며　　或受餓鬼報로다
혹 천 타 축 생　　　　혹 수 아 귀 보

삼세에 걸친 업의 과보로 하여

지옥으로부터 천상에 나기도 하고

때로는 천상에서 축생계로 떨어지기도 하며

아귀의 과보를 받기도 한다

165.

衆生由彼貪으로　　隨業往諸趣한대
중 생 유 피 탐　　　　수 업 왕 제 취

復爲癡冐拘일새　　輪回三有海니라
부 위 치 견 구　　　　윤 회 삼 유 해

중생들이 저 탐욕으로 말미암아

업력을 따라 육도六道에 나드는데

거듭 어리석음이 휘감아 얽기 때문에

일생에 걸친 생사유전의 바다에서 윤회하느니

166.

無始造諸罪하여　　受種種生死하니
무 시 조 제 죄　　　수 종 종 생 사

由彼慣習故로　　曾不生疲倦이니라
유 피 관 습 고　　증 불 생 피 권

보리도에 들지 못하고 (무시無始) 갖은 허물을 지어

가지각색의 생사유전을 받으니

저 훈습薰習을 말미암는 까닭에

이에 싫증내지도 못하니라

167.

諸天爲樂損하고　　人世匱乏苦며
제 천 위 락 손　　　인 세 궤 핍 고

獄常燒然코　　傍生互相瞰이로다
옥 상 소 연　　방 생 호 상 담

각 천상계는 낙보樂報가 줄어들고

인간 세상은 물자가 부족하여 괴로우며

지옥계는 항상 불길이 타오르고

축생계는 서로서로 잡아먹는다

168.

餓鬼飢渴逼은 皆由彼癡故로
아 귀 기 갈 핍 개 유 피 치 고

長處於輪迴하여 何曾有少樂이리오
장 처 어 윤 회 하 증 유 소 락

아귀도에 허기지고 목마름이 닥치는 것은
다 저 어리석음을 말미암기 때문이니
생사의 윤회도에 길이 살면서
어찌 조금의 낙보樂報라도 있겠는가?

169.

愚癡著欲樂인대 由樂而受苦로다
우 치 착 욕 락 유 락 이 수 고

不近善知識하면 無正法救護로다
불 근 선 지 식 무 정 법 구 호

어리석은 범부가 욕심으로 낙樂을 집착하는데
낙으로 말미암아서 괴로움을 받는다
선지식을 가까이 하지 않으면
정법으로 구호할 수 없으리

170.

若人具眞實하고　　常樂聞正法코서
약 인 구 진 실　　　상 락 문 정 법

修習諸禪定하면　　彼則無憂苦리라
수 습 제 선 정　　　피 즉 무 우 고

어떤 사람이 진실함을 갖추고

늘 즐겨 정법을 듣고서

여러 단계의 선정을 닦고 익히면

그 이는 곧 근심과 괴로움을 없앨 것이다

171.

諸佛宣正法은　　如燈常照明이듯
제 불 선 정 법　　　여 등 상 조 명

慈念諸衆生은　　過如彼父母리라
자 념 제 중 생　　　과 여 피 부 모

모든 붓다께서 정법을 베푸는 것은

등불이 늘 비추어 밝히는 것 같이

자비로써 중생을 호념함은

저 부모보다도 더하시도다

172.

衆生由三因으로   造三種過失하여
중 생 유 삼 인   조 삼 종 과 실

循環三界中에   三受常相逐이로다
순 환 삼 계 중   삼 수 상 상 축

중생들은 세 가지 원인 때문에

세 가지 과실을 지어

삼계三界에 순환함에

세 가지 감각(쾌락·불쾌함·불고불락)이 늘 좇는다

173.

由三業所起일새   趣三惡險難커니
유 삼 업 소 기   취 삼 악 험 난

衆生著樂故로   馳騁於三有니라
중 생 착 락 고   치 빙 어 삼 유

삼업(신어업身語意)[40]이 생기되기 때문에

삼악(탐진치貪瞋痴)[41]의 험난한 길을 붙좇거니

중생들은 낙보樂報를 집착하는 까닭에

---

40 신구의身口意 삼업과 같은 뜻이다. 몸으로 짓는 업(살생, 투도, 사음), 입으로 짓는 업(망어, 악구, 양설, 기어), 뜻으로 짓는 업(탐, 진, 치)을 말한다.

41 탐진치貪瞋癡 삼독과 같은 뜻이다.

일생의 생사유전(삼유三有)에서 헐떡거린다

174.

若尊重三寶하면　　當得三菩提로니
약 존 중 삼 보　　당 득 삼 보 리

遠離三種見하면　　則不生諸苦라라
원 리 삼 종 견　　즉 불 생 제 고

삼보를 존중하면

당연히 정각正覺을 획득하리니

세 가지 견혹見惑[42]을 멀리 여의면

갖은 괴로움이 생겨나지 않으리라

175.

於彼晝夜中에　　三時常觀察할지니
어 피 주 야 중　　삼 시 상 관 찰

謂彼老病死가　　三種過失藏일새니라
위 피 노 병 사　　삼 종 과 실 장

저 주야晝夜 육시六時[43]에

주삼시晝三時 야삼시夜三時에 살펴야 할지니

저 노老와 병病과 사死가

42　각주28 참조.

세 가지 과실의 곳간이기 때문이다

176.

三業離邪思하고　　善住三平等하여
삼 업 리 사 사　　　선 주 삼 평 등

不著於輪迴하면　　永離諸憂惱리라
불 착 어 윤 회　　　영 리 제 우 뇌

삼업이 그릇된 생각을 여의고

심心 불佛 중생衆生의 평등함에 잘 머물러

생사윤회에 집착하지 않으면

온갖 근심과 번뇌를 길이 여읠 것이다

177.

於彼道非道와　　　及空有等相에서
어 피 도 비 도　　　급 공 유 등 상

慈心善觀察하면　　當證無上道리라
자 심 선 관 찰　　　당 증 무 상 도

---

43 불교에서 하루 낮과 밤의 시간을 신조晨朝·일중日中·일몰日沒과 초야初
夜·중야中夜·후야後夜 등 여섯 개 구간으로 나눠 말하는 것을 가리킨다.
『아미타경阿彌陀經』에서 "주야육시晝夜六時 우천만다라화雨天曼陀羅花", 즉
밤낮으로 하루 종일 하늘에서 만다라꽃이 비처럼 쏟아진다고 한 예가 그
것이다. 신조·일중·일몰을 주삼시라 하고, 초야·중야후야를 야삼시라
한다. 불가佛家에서는 그때마다 예불禮佛을 올린다.

저 도道와 비도非道와

공空과 유有 등의 상相에서

자비심으로 잘 관찰하면

마땅하게 무상도無上道[44]를 증득하리라

178.

是人意淸淨하여 不觸諸染欲하면
시 인 의 청 정   불 촉 제 염 욕

永離諸垢濁하고 得解脫安樂이로다
영 리 제 구 탁   득 해 탈 안 락

따라서 어떤 사람의 뜻이 청정하여

온갖 탐욕의 번뇌에 더러워지지 않으면

갖은 번뇌의 탁업濁業[45]을 길이 여의고

해탈의 안락함을 증득할 것이다

179.

離三有貪求하고 常生於正念하면
이 삼 유 탐 구   상 생 어 정 념

---

44 위없는 바르고 원만한 붓다의 깨달음. 붓다가 체득한 최상의 깨달음. 다
   시 말해 위없는 보리菩提란 뜻으로 불과佛果를 말한다. '무상의 지혜' 또는
   '무상지도無上之道'라고도 한다.

45 흐린 업業. 탐욕의 흐린 마음으로 생기는 신·구·의 삼업三業.

132

是人於正道에　　決定無退轉하리라
시 인 어 정 도　　결 정 무 퇴 전

일생동안 탐욕을 여의고

언제나 (법에 대한) 정념正念을 살리면

이 사람은 정도正道에서

결정코 물러나지 않으리

180.

衆生癡所蔽하여　　於智不通達하면
중 생 치 소 폐　　어 지 불 통 달

起無量貪愛하여　　常爲苦纏縛이리라
기 무 량 탐 애　　상 위 고 전 박

중생들이 어리석음에 가려져서

지혜에 통달하지 못하면

한량없이 탐욕스러운 갈애가 생기하여

늘 괴로움이 얽어매게 되리라

181.

懈怠無慚愧하며　　習近惡知識이면
해 태 무 참 괴　　습 근 악 지 식

爲地獄種子일새　　智者善防護로다
위 지 옥 종 자　　지 자 선 방 호

게으르고 부끄러움도 없이

악지식惡知識[46]을 가까이 함은

지옥의 종자이기 때문에

지혜로운 이는 잘 방호한다

182.

由彼無慚愧로　　常造作衆罪일새
유 피 무 참 괴　　상 조 작 중 죄

後墮於險道하고　　徒生於悔惱리라
후 타 어 험 도　　도 생 어 회 뇌

저 부끄러움 없음으로 하여

항상 허다한 허물을 짓기에

훗날 험한 길에 떨어져서는

헛되이 후회하며 괴로워하리라

183.

起憍慢瞋恚하고　　嫉妒幷覆惱하고
기 교 만 진 에　　질 투 병 부 뇌

愚癡無信根이면　　何能生善道리오
우 치 무 신 근　　하 능 생 선 도

교만한 마음과 성내는 마음을 일으키고
질투심을 일으키고 동시에 번뇌에 덮이고
어리석어서 믿음의 기근機根마저 없으면
어떻게 선도善道[47]에 날 수 있겠는가?

184.

嗜酒復貪財하고　　起邪見妄語하며
기 주 부 탐 재　　　기 사 견 망 어

常行磣毒因하니　　定招地獄報로다
상 행 참 독 인　　　정 초 지 옥 보

술을 즐기고 거기에다가 재물을 탐내고
사견邪見을 일으키고 망어를 하며
항상 악독惡毒한 원인을 행하니
정녕코 지옥의 과보를 부른다

---

47 선한 행위를 한 중생이 그 과보로 받는다고 하는 인간·천상 등의 세계를
말한다.

185.

邪見障諸善하니 　 不應起少分이라
사 견 장 제 선 　 　 불 응 기 소 분

如是愚癡人은 　 　 自投險惡道리라
여 시 우 치 인 　 　 자 투 험 악 도

사견이 모든 선인善因을 가로막으니

응당 조금도 일으키지 못하기에

이와 같은 어리석은 사람들은

험한 삼악도[48]에 저절로 투입되리

186.

謂起邪見者면 　 　 非因而計因하여
위 기 사 견 자 　 　 비 인 이 계 인

彼爲自欺誑일새 　 沈淪無出期리라
피 위 자 기 광 　 　 침 륜 무 출 기

사견을 일으키면

선인善因이 아닌데도 선인으로 사량함에

그들은 스스로 속이고 미혹되기 때문에

사견에 빠져 나올 기약이 없으리라

187.

若人著邪見하며　　徒修其苦行하고
약 인 착 사 견　　도 수 기 고 행

誑惑於他人하며　　愚癡生我慢이로다
광 혹 어 타 인　　우 치 생 아 만

어떤 사람이 사견에 집착하며
헛되이 고행을 닦고는
남들을 속이고 미혹시키면서
어리석게도 아만심을 내느니라

188.

由愚癡黑暗으로　　溺生死大海하면
유 우 치 흑 암　　익 생 사 대 해

是人無正因하여　　以苦欲捨苦로다
시 인 무 정 인　　이 고 욕 사 고

어리석어 혜광慧光이 없음으로 말미암아
생사윤회의 대해에 빠지면
이런 사람은 벗어날 정인正因[49]이 없어서

---

48 악한 행위를 한 중생이 그 과보로 받는다고 하는 지옥·아귀·축생의 세계 3곳을 말한다.

49 바른 원인 또는 직접적 원인.

괴로움을 가지고 괴로움을 버리려 한다

189.

隨彼外道說하여   炙身求出離인대
수 피 외 도 설   자 신 구 출 리

智者令炙心하여   則能燒諸惑토다
지 자 령 자 심   즉 능 소 제 혹

저 외도의 말을 따르면서

몸에 관심을 두고 번뇌를 벗어나려 하는데

지혜로운 이는 마음에 관심을 두고

바로 갖은 미혹을 불 태워 버릴 수 있도다

190.

若具修正智하면   能破諸煩惱니
약 구 수 정 지   능 파 제 번 뇌

是名眞丈夫라서   得離諸苦際리라
시 명 진 장 부   득 리 제 고 제

본연의 지혜를 갖추어 닦으면

온갖 번뇌를 타파할 수 있으니

이런 사람이 진정한 장부라서

온 괴로움을 여읠 수 있으리라

191.

樂著世名聞하여　　而互相諂讚하나니
낙 착 세 명 문　　　이 호 상 첨 찬

彼淸淨菩提는　　　非邪見所得일세
피 청 정 보 리　　　비 사 견 소 득

세간의 명성을 즐겨 집착하며

서로 간에 아첨하고 칭찬하나니

저 청정한 깨달음은

사견으로 획득되는 것이 아닐세

192.

於善不勤修하여　　心常生掉擧면
어 선 불 근 수　　　심 상 생 도 거

貪著利養故로　　　捨離彼淨戒리라
탐 착 이 양 고　　　사 리 피 정 계

선업을 부지런히 닦지 않아

마음이 매양 들뜨게 되면

이양利養50을 탐욕으로 집착하기 때문에

저 청정한 계를 버리게 되리라

---

50 ①남은 생각지 않고 제 몸만 좋게 기르는 것. ②재리財利를 탐하며 자기
　 를 자양하려는 것. ③이익, 이득, 재물.

193.

樂著於酒味하면	好侵於外色하고
낙 착 어 주 미	호 침 어 외 색
殺害諸衆生하면	由此墮地獄하니라
살 해 제 중 생	유 차 타 지 옥

술맛을 즐겨 집착하면

밖으로부터 색마色魔가 침입하기 쉽고

뭇 중생을 살해하면

이 때문에 지옥으로 떨어진다

194.

親近惡知識하면	起邪見兩舌하고
친 근 악 지 식	기 사 견 양 설
不獲諸威儀하여	三業多毁犯하리라
불 획 제 위 의	삼 업 다 훼 범

악지식을 가까이 하면

사견을 일으켜 한 입으로 두 말 하게 되고

행주좌와의 네 위의威儀에 합당함을 얻지 못해

삼업三業이 다분하게 헐고 범한다

195.

由我慢無明하여　所說無眞實이로니
유 아 만 무 명　소 설 무 진 실

於此世佗生에　何能得快樂이랴
어 차 세 타 생　하 능 득 쾌 락

아만심의 무명無明으로 하여

진실하지 않은 말만 하게 되니

이 세상에서든 다른 세상에서든

심신의 기쁨과 즐거움을 얻을 수 있으랴

196.

爲衆苦沈溺하여　此滅彼復生하나니
위 중 고 침 닉　차 멸 피 부 생

如諸佛所說하면　皆由無明行이로다
여 제 불 소 설　개 유 무 명 행

뭇 고해에서 윤회전생하게 되어

여기서 죽고 저기서 다시 태어나느니

붓다의 말씀들에 의거하면

다 무명행無明行51으로 말미암는 것이다

---

51 인간이 가진 오감(다섯 가지 인식감각대상: 색·성·향·미·촉)에 의해 업식業
識이 반복되면서 이로 인한 훈습된 습관으로부터 이어져 온 어리석음, 즉

197.

若人起我慢하고　　邪慢增上慢하면
약 인 기 아 만　　　사 만 증 상 만

此爲苦根本일새　　畢竟常遠離해야하리라
차 위 고 근 본　　　필 경 상 원 리

만일 어떤 사람이 아만심我慢心[52]과

무지無知를 말한다. 이는 곧 팔정도의 정견正見과 반대 개념으로서 사성제
四聖諦와 연기緣起를 알지 못하는 어리석음이다.

52 아만은 오온五蘊의 일시적 화합에 지나지 않는 신체에 영원한 자아가 있
다고 믿는 그릇된 견해로 인해 일어나는 교만을 말한다. 자아가 실제로
존재한다고 믿는 교만이다. 일반적으로는 자신을 높이고 남을 업신여기
거나 자신을 과대평가하는 것을 가리킨다. 사만四慢 또는 칠만七慢의 하나
이다. 사만은 아만我慢·사만邪慢·증상만增上慢·비열만卑劣慢이고, 칠만은
만慢·과만過慢·만과만慢過慢·아만我慢·사만邪慢·증상만增上慢·비열만
卑劣慢이다. 『아비달마구사론』에 의거한 설명은 다음과 같다. 만慢은 자기
보다 열등한 이에 대해 자기가 뛰어나다고 생각하게 하고, 자기와 동등한
이에 대해 동등하다고 생각하게 하는 것으로, 즉 남과 나를 비교해 뛰어
남과 열등함의 차별을 짓는 생각을 일으키게 하여 마음으로 하여금 잘난
체(고거高擧)하게 하는 마음작용이다. 과만은 자기와 동등한 이에 대해 자
기가 뛰어나다고 생각하게 하거나 자기보다 뛰어난 이에 대해 자기가 그
사람과 동등하다고 생각하게 하는 마음작용이다. 만과만은 자기보다 뛰
어난 이에 대해 자기가 그 사람보다 뛰어나다고 생각하게 하는 마음작용
이다. 비열만은 비하만卑下慢 또는 하열만下劣慢이라고도 하며, 자기보다
월등히 뛰어난 이에 대해 자기가 조금밖에 열등하다고 생각하게 하는 마

사만심邪慢心[53]과 증상만심增上慢心[54]을 일으킨다면

이는 괴로움의 근본이기 때문에

궁극적으로 늘 멀리 여의어야 하리라

198.

樂造作諸惡하고 낙 조 작 제 악	無初中後善이면 무 초 중 후 선
隨彼無明流라서 수 피 무 명 류	入生死大海니라 입 생 사 대 해

뭇 악을 즐겨 짓고

처음에도 중간에도 뒤에도 선업이 없으면

그것은 무명無明의 흐름을 따름이어서

생사윤회의 대해大海로 들어가는 것이리

199.

若人具勝智하여 약 인 구 승 지	善息除煩惱면 선 식 제 번 뇌

음작용이다.

53 사만은 자신에게 덕德이 없는데도 덕이 있다고 스스로 생각하고 믿어버리는 교만을 말한다.

54 증상만은 아직 깨닫지 못했는데도 이미 깨달았다고 생각하는 교만함. 일반적인 사전적 의미는 오만·교만·거만한 것을 일컫는다.

能解一切縛하여　　得至不滅處리라
능 해 일 체 박　　　득 지 불 멸 처

어떤 사람이 수승한 지혜를 갖추어

번뇌를 잘 없애 버리면

일체의 얽매임에서 벗어날 수 있어서

불멸처不滅處[55]에 이르게 되리라

200.

由修勝智故로　　則能斷諸惑하리니
유 수 승 지 고　　　즉 능 단 제 혹

此說煩惱縛에서　　由智得解脫이로다
차 설 번 뇌 박　　　유 지 득 해 탈

수승한 지혜를 닦는 까닭에

바로 온갖 미혹을 끊어 낼 수 있으리니

이 말씀은 번뇌의 얽매임에서

지혜로 말미암아 해탈할 수 있다는 것이다

---

55 나지도 않고 멸하지도 않는 불생불멸처를 가리킨다. 곧 열반이요 깨달음
의 경지이다.

201.

諸煩惱如薪이라　　智火燒永盡하리니
제 번 뇌 여 신　　　지 화 소 영 진

若樂欲境界면　　　何能離纏縛이리요
약 락 욕 경 계　　　하 능 리 전 박

모든 번뇌는 마치 땔나무와 같기에

지혜의 불로 태우면 길이 없어지리니

욕심의 경계를 즐긴다면

어떻게 번뇌의 얽매임을 여읠 수 있겠는가

202.

五欲爲重瘴일새　　能覆於智眼하여
오 욕 위 중 장　　　능 부 어 지 안

常令諸衆生으로　　壞說法正道로다
상 령 제 중 생　　　괴 설 법 정 도

오욕五欲은 심한 독기운이기 때문에

능히 지혜의 안목을 덮어서

언제나 뭇 중생들로 하여금

설법을 하는 정도正道를 무너지게 하리라

203.

於善說法者에	當一心諦聽하라
어 선 설 법 자	당 일 심 체 청
是人爲法將일새	能敵諸魔軍하리라
시 인 위 법 장	능 적 제 마 군

법法을 잘 설하는 이에게

한마음으로 잘 듣지 않으면 아니 되느니

이런 사람은 법法의 장수이기 때문에

능히 뭇 마군魔軍을 대적하노니

204.

謂於四顚倒와	及世間八法에
위 어 사 전 도	급 세 간 팔 법
自不生正慧면	則爲彼欺誑이리라
자 불 생 정 혜	즉 위 피 기 광

네 가지 전도된 견해[56]와

---

56 네 가지 전도된 견해란 모든 것은 불변하고, 마음은 즐거운 것이고, '나'라는 불변한 실체가 존재하며, 몸은 깨끗하다고 생각하는 '상락아정常樂我淨' 네 가지 견해를 말한다. 이는 존재의 3가지 보편적 특성(삼특상三特相: 삼법인三法印)인 무상無常·고苦·무아無我와 번뇌로 덮인 부정한 육신에 대한 뒤바뀐 생각이라는 점에서 사전도四顚倒 또는 사전도견四顚倒見이라고 한다.

세간의 번뇌 팔풍八風[57]에서

자기 자신이 본연의 지혜를 내지 않기 때문에

저 마군에게 속임을 당하게 되리라

205.

五欲如迅流라　　　漂淪難出離하나니
오 욕 여 신 류　　　　표 륜 난 출 리

當以智舡筏로　　　於彼能超越이니라
당 이 지 강 벌　　　　어 피 능 초 월

오욕은 마치 물길이 빠르게 흐르는 것 같아서

떠돌아 가라앉으면 빠져나오기 어렵나니

마땅히 반야선般若船[58]으로써

---

57 우리의 마음을 흔들어 시끄럽게 하는 8가지 종류의 경계를 바람에 비유한 표현. 즉 이利·쇠衰·훼毀·예譽·칭稱·기譏·고苦·락樂을 말한다. 나에게 이익 되는 것을 이, 정신을 쇠약케 하는 것을 쇠, 남으로부터 훼방을 받거나 비난과 욕설을 듣는 것을 훼, 명예스러운 일을 예, 남으로부터 칭찬 듣는 것을 칭, 남으로부터 비방 받거나 속임을 당하는 것을 기, 괴로운 일을 고苦, 즐거운 일을 낙이라 한다. 수행자는 팔풍이 잠자야 자성극락을 얻게 된다. 팔법八法이라고도 한다.

58 중생이 생사윤회를 벗어나 정각正覺에 이를 수 있도록 하는 반야(般若: 일체의 사물과 도리를 밝게 통찰하는 더없이 완전한 지혜)를 차안此岸의 중생이 생사고해를 건너 피안彼岸의 정토에 이르기 위해 타고 가는 배에 비유한 것이다.

저 오욕의 세찬 물길에서 벗어나야 하리라

206.

由彼愚癡心하여   常樂著諸欲일새
유 피 우 치 심   상 락 착 제 욕

輪廻五趣中하나니   何能得解脫이리오
윤 회 오 취 중   하 능 득 해 탈

어리석은 마음으로

늘 온갖 욕심을 즐겨 탐착하기 때문에

오취五趣[59]의 길에서 윤회하나니

어떻게 해탈할 수 있으랴

207.

不如理作意면   如火常熾然하고
불 여 리 작 의   여 화 상 치 연

若如理而行하면   如甘露除熱이리라
약 여 리 이 행   여 감 로 제 열

이치대로 뜻을 짓지 않으면

마치 불길이 항상 치열하게 타는 것 같고

---

59 중생이 윤회전생輪廻轉生하는 욕계의 다섯 곳. 즉 지옥·아귀·축생·인
간·천상의 세계를 말한다.

이치대로 행한다면

마치 감로수가 번열煩熱⁶⁰을 없애는 것 같으리

208.

謂積集無明하여　　從久遠生起일새
위 적 집 무 명　　　종 구 원 생 기

以一智明燈으로　　破滅令不現하리라
이 일 지 명 등　　　파 멸 령 불 현

무명으로 적집되어

오랜 시간에 걸쳐 일어나기 때문에

한결같은 지혜의 밝은 등불로써

없애버려 나투지 못하게 해야 하리라

209.

若人具正智면　　則能趣涅槃이요
약 인 구 정 지　　즉 능 취 열 반

無智縱貪癡면　　則生於懈怠리라
무 지 종 탐 치　　즉 생 어 해 태

어떤 사람이 본연의 이치에 맞는 지혜를 갖추면

능히 열반로涅槃路를 취할 것이요

60　몸에 열이 몹시 나고 가슴 속이 답답하여 괴로운 증상.

지혜가 없어 탐욕의 어리석음에 내놓으면

게으른 생각만 낼 것이다

210.

若具智光明하면　　壞三毒黑暗하리니
약 구 지 광 명　　괴 삼 독 흑 암

是故當一心으로　　持戒修淨智로다
시 고 당 일 심　　지 계 수 정 지

지혜의 광명을 갖춘다면

삼독심의 흑암黑暗을 헐어내리니

이런 까닭에 마땅히 한마음으로

계戒를 지니고 청정한 지혜를 닦아야 한다

211.

常以大智火로　　焚燒諸惑薪해야하리
상 이 대 지 화　　분 소 제 혹 신

若無此善根이면　　爲三毒所損이리라
약 무 차 선 근　　위 삼 독 소 손

언제나 대지혜의 불로써

온갖 미혹의 땔감을 사루어야 하리

이러한 선근善根이 없으면

삼독三毒의 해침을 당하리라

212.

衆生縈痼疾이면　　偃臥命將終에
중 생 영 고 질　　　언 와 명 장 종

癡迷無所依하고　　眷屬徒悲惱니라
치 미 무 소 의　　　권 속 도 비 뇌

중생이 고질병에 얽매이면

누워서 장차 임종에 닥칠 적에

어리석고 미혹하여 의지할 곳도 없고

권속들은 보람 없이 슬퍼하고 괴로워한다

213.

由多作放逸하여　　常樂愚癡行일새
유 다 작 방 일　　　상 락 우 치 행

爲無量惡因으로　　受衆苦逼迫토다
위 무 량 악 인　　　수 중 고 핍 박

허구한 날 제멋대로 살며

항상 어리석은 행위를 하기 때문에

무량한 악업의 원인이 되어

숱한 괴로움의 핍박을 받는다

214.

是三毒過患이　　損惱諸衆生하나니
시 삼 독 과 환　　손 뇌 제 중 생

若正智相應하면　　於彼悉除遣하리라
약 정 지 상 응　　어 피 실 제 견

이 삼독심의 허물과 근심이

뭇 중생들을 헐고 괴롭히나니

본연의 지혜가 상응하면

저 삼독의 괴로움을 다 없애버릴 것이다

215.

當知彼智火가　　能焚煩惱山하리니
당 지 피 지 화　　능 분 번 뇌 산

惑業既無餘에는　　常棲寂靜樂하리라
혹 업 기 무 여　　상 서 적 정 락

저 지혜의 불길이

번뇌의 산을 능히 태워 버림을 알아야 하리니

미혹의 업이 남음 없어진 이후에는

언제나 적정寂靜[61]한 낙을 누리리라

61　①탐욕(貪)과 노여움(瞋)과 어리석음(痴)이 소멸된 열반의 상태. 모든 번
　　뇌를 남김없이 소멸하여 평온하게 된 열반의 상태. ②마음을 한곳에 집중
　　하여 산란을 멈추고 평온하게 된 상태.

설죄품 제 15

說罪品第十五

216.

謂由彼作意하여　　常造諸罪惡이라
위 유 피 작 의　　　　상 조 제 죄 악

愚癡不了知하니　　徒生於後悔로다
우 치 불 료 지　　　　도 생 어 후 회

고정관념(작의作意[62])으로 말미암아

늘 같은 죄악을 짓기에

어리석어서 매사 명료하게 알지 못하니

보람 없이 후회하는 밤을 낼 뿐이다

217.

衆生造諸罪하여　　皆受於苦報하니
중 생 조 제 죄　　　　개 수 어 고 보

62　작의作意에는 두 가지 뜻이 있다. 첫 번째는 문자 그대로 '뜻한 바(의意)를 지음(작作)' 또는 '마음먹은 것(의意)을 행함(작作)'이다. 무언가를 결심하고 실행하는 것을 의미한다. 두 번째는 경각警覺을 뜻하는데, 마음으로 하여금 경각(警覺: 정신을 가다듬어 경계함)하게 하여서 인식대상(소연경所緣境)에 주의(注意: 관심을 집중하여 기울임)하게 하는 마음작용이다.

是故當遠離하여　　常求於樂果리라
시 고 당 원 리　　상 구 어 낙 과

중생들이 뭇 허물을 지어
다 괴로움의 과보를 받나니
이런 까닭에 허물을 멀리 여의고
언제나 낙樂의 과보를 구해야 하리

218.

初雖作少罪라도　　後則墮險道리니
초 수 작 소 죄　　후 즉 타 험 도

由癡覆彼心일새　　出已而復造나라
유 치 부 피 심　　출 이 이 부 조

처음에는 비록 적은 허물을 짓더라도
뒤에 가서는 험도險道[63]에 떨어지리니
어리석음이 저 마음을 덮어 버리기에
험도에서 나오더라도 다시 짓는다

219.

小罪不防護면　　皆爲地獄因커니
소 죄 불 방 호　　개 위 지 옥 인

---

63 지옥·아귀·축생의 삼악도三惡道를 말한다.

譬如微少火라도　　能燒於山林이로다
비 여 미 소 화　　능 소 어 산 림

작은 허물을 막지 않으면

다 지옥에 떨어지는 원인이 되거니

예를 들면 작은 불씨라도

산림을 태워 버릴 수 있는 것과 같도다

220.

由罪生惡趣일새　　受極重苦惱로다
유 죄 생 악 취　　수 극 중 고 뇌

彼於己如冤이라　　何能得寂靜이리오
피 어 기 여 원　　하 능 득 적 정

죄업이 악도惡道에 나게 하기 때문에

극히 무거운 고뇌를 받는다

저 허물이 자기 자신에게는 원수와 같으니

어떻게 적멸寂滅[64]의 낙을 얻을 수 있으랴

---

64 번뇌망상의 세계를 떠난 열반의 경지. 적정寂靜과 동의어이다. 현상적으로는 죽음을 뜻하는 입적·열반과 같은 뜻으로 사용된다.

221.

若人造諸罪면　　則無有少樂이리니
약 인 조 제 죄　　즉 무 유 소 락

若樂求樂者면　　當修諸善行하라
약 락 구 락 자　　당 수 제 선 행

만일 어떤 사람이 뭇 죄업을 짓는다면

조금의 낙보樂報도 없으리니

즐겨 낙보를 구하려면

마땅히 뭇 선행을 닦아야 하리라

222.

作善稱善哉하고　　造惡皆輕毁리니
작 선 칭 선 재　　조 악 개 경 훼

修福乃爲難하고　　於罪何容易리오
수 복 내 위 난　　어 죄 하 용 이

선행을 하면 선하다고 칭찬하고

악행을 하면 다 업신여기고 비방하리니

복업을 닦음에는 도리어 어렵다 하고

죄업을 닦음에는 어찌 쉽다고 하겠는가

223.

若見造非法하고　　生劣心隨喜면
약 견 조 비 법　　　생 열 심 수 회

由彼無智故로　　受苦復過是리라
유 피 무 지 고　　수 고 부 과 시

만일 법답지 않은 행을 보고
용렬한 마음을 내어 기쁘게 따른다면
그런 이는 지혜가 없는 까닭에
괴로움을 받음이 이보다 더할 것이다

224.

若人造衆罪하고　　積集諸果報하면
약 인 조 중 죄　　　적 집 제 과 보

是苦難堪任하나니　　於惡不應作이로다
시 고 난 감 임　　　어 악 불 응 작

만일 어떤 사람이 뭇 죄업을 짓고
뭇 죄업의 과보를 쌓아 모은다면
이 사람의 고보苦報는 감당하기 어렵나니
악업을 단연코 지어서는 아니 되리라

225.

由造衆惡故_로　　定受其惡報_{리니}
유 조 중 악 고　　　정 수 기 악 보

是故當遠離_{하고}　　不作則無咎_라
시 고 당 원 리　　　부 작 즉 무 구

뭇 악업을 짓는 까닭에

틀림없이 그 악보惡報를 받으리니

이 때문에 마땅히 악업을 멀리 여의고

짓지 않으면 허물은 없을 것이다

226.

若不怖諸罪_{하면}　　則習近惡友_{하여}
약 불 포 제 죄　　　즉 습 근 악 우

由自造作故_로　　感果非佗受_{로다}
유 자 조 작 고　　　감 과 비 타 수

뭇 죄업을 두려워하지 않으면

악한 벗을 가까이 하여

스스로 뭇 죄업을 짓는 까닭에

과보도 다른 사람이 감수하는 것이 아니다

227.

行善招善果하고	作惡受惡報리니
행 선 초 선 과	작 악 수 악 보

若造衆罪者면	於善則無有로다
약 조 중 죄 자	어 선 즉 무 유

선업을 행하면 선한 과보가 초래되고

악업을 지으면 악한 과보를 받으리니

뭇 죄업을 짓는다면

이에 선업은 없으리라

228.

若人著邪見하면	展轉生諸罪리니
약 인 착 사 견	전 전 생 제 죄

雖刀杖火坑이어도	無與彼相似리라
수 도 장 화 갱	무 여 피 상 사

어떤 사람이 사견邪見[65]을 취착한다면

---

65 사견邪見은 두 가지 뜻으로 해석된다. 첫 번째 사견(邪見, 빠알리어 sassata-ditthi, 산스끄리뜨어 mithyā-dṛṣti)은 모든 잘못된 견해를 통칭하는 말이다. 잘못된 견해는 정리(正理: 바른 이치, 바른 논리)에 어긋나므로 삿된 견해라는 뜻에서 사견이라고 한다. 이것은 '망녕된 견해'라는 뜻의 망견妄見과 같은 말이다. 또한 '진리에 어긋나는 잘못된 견해'라는 뜻의 악견惡見 또는 부정견不正見과 같은 말이다. '번뇌에 오염된 견해'라는 뜻의 염오견染

여기서나 저기서나 뭇 죄업을 지으리니

설령 칼이나 몽둥이나 불구덩이라 해도

그 사견과 같지는 않으리

229.

若人離眾惡하고　　　常修於善行하면
약 인 리 중 악　　　상 수 어 선 행

身語意淸淨하여　　　去菩提不遠하리라
신 어 의 청 정　　　거 보 리 불 원

어떤 사람이 뭇 악업을 여의고

항상 선행을 닦는다면

몸과 말과 뜻이 청정하며

보리도菩提道에 드는데 멀지 않으리라

230.

若樂造諸惡하면　　　受極重苦惱하니
약 락 조 제 악　　　수 극 중 고 뇌

　汚見과도 같은 말이다. 이 경우의 사견, 즉 부정견은 부파불교의 설일체유
부 교학과 대승불교의 유식유가행파와 법상종의 교학에서 유신견有身見·
변집견邊執見·사견邪見·견취見取·계금취戒禁取 등 5견五見으로 나뉜다.
두 번째의 사견은 인과의 도리인 원인과 결과의 법칙, 즉 연기법을 부정
하는 견해이다. 5견 가운데 사견에 해당한다.

非由造惡故로   而能得樂果로다
비 유 조 악 고   이 능 득 낙 과

뭇 악을 즐겨 지으면

극히 무거운 고뇌를 받나니

악업을 짓는 까닭에

낙樂의 과보를 획득할 수는 없도다

231.

若樂修諸善하면   得最上快樂이러니
약 락 수 제 선   득 최 상 쾌 락

此善非苦因이라   無顚倒受者리라
차 선 비 고 인   무 전 도 수 자

즐겨 뭇 선업을 닦으면

최상으로 심신의 기쁨과 즐거움을 획득하리니

이 선업은 괴로움의 인연이 아니기에

거꾸로 받는 법은 없으리라

232.

從無始劫來에   作善得樂報커니
종 무 시 겁 래   작 선 득 낙 보

若造彼惡因이면   定獲於苦果리라
약 조 피 악 인   정 획 어 고 과

헤아릴 수도 없는 허구한 날에 걸쳐
선업을 지어 낙의 과보를 얻었거니
저 악업의 인연을 지었다면
정녕코 괴로움의 과보를 얻었으리

233.

爲善親良朋이리니　　造罪近惡友하여
위 선 친 양 붕　　　　조 죄 근 악 우

憎嫉賢善人하면　　　彼則墮惡道리라
증 질 현 선 인　　　　피 즉 타 악 도

선업을 행하여 좋은 벗을 친해야 하리니
죄업을 지으며 나쁜 벗을 가까이 하여
어진 이나 선한 이를 미워하고 시기하면
그는 곧 삼악도에 떨어질 것이다

234.

心若樂修善하면　　　則遠諸罪惡이니
심 약 락 수 선　　　　즉 원 제 죄 악

是人於菩提가　　　　如掌中不遠이리라
시 인 어 보 리　　　　여 장 중 불 원

마음 작용이 즐겨 선업을 닦는다면

뭇 죄악을 멀리 여읠 것이니

이런 사람은 그래서 보리도가

손바닥 보는 것처럼 멀지 않으리라

235.

謂於所修作에	初中後皆善하면
위 어 소 수 작	초 중 후 개 선
能生於樂報어니와	捨此則不然이리라
능 생 어 낙 보	사 차 즉 불 연

닦고 짓는 것에

처음에도 중간에도 끝에도 다 선하기 때문에

능히 낙보樂報를 내겠거니와

이를 버린다면 그렇지 않을 것이다

236.

是故遠諸罪하고	令善常相續하면
시 고 원 제 죄	영 선 상 상 속
能離彼惡者하고	常獲於快樂하리라
능 리 피 악 자	상 획 어 쾌 락

이런 까닭에 뭇 죄업을 멀리 여의고

선업으로 하여금 언제나 이어지게 하면

능히 저 악업들을 여의고

늘 심신의 기쁨과 즐거움을 획득하리라

237.

無始生死中에   數數受諸罪는
무 시 생 사 중   삭 삭 수 제 죄

愚夫癡所使코도   而不生疲厭이로다
우 부 치 소 사   이 불 생 피 염

보리도에 들지 못한 이래 생사에서

자주 뭇 죄업을 받는 것은

우매한 범부가 어리석음의 심부름꾼이 되고서도

지치고 싫어하는 마음을 내지 못해서이다

238.

著欲造諸惡은   不知後苦果니
착 욕 조 제 악   부 지 후 고 과

暫生於適悅이지만   長時受苦惱니라
잠 생 어 적 열   장 시 수 고 뇌

욕심으로 집착하여 뭇 악업을 짓는 것은

뒤따르는 괴로움의 과보를 몰라서이니

잠깐 동안 마땅한 희열은 내겠지만

오랜 동안 쓰디쓴 번뇌를 받으리

239.

樂作諸罪者는　　世間共輕鄙리니
낙 작 제 죄 자　　세 간 공 경 비

是故離諸惡하고　　於善無令廢라라
시 고 리 제 악　　어 선 무 령 폐

즐겨 뭇 악업을 짓는 사람은

세간에서 다 함께 업신여기고 천히 여기리니

이 때문에 뭇 악업을 여의고

선업을 폐기하지 않게 해야 하리라

240.

無益非究竟이라　　受最上苦惱리니
무 익 비 구 경　　수 최 상 고 뇌

是故彼智者는　　於罪常遠離하리라
시 고 피 지 자　　어 죄 상 원 리

이로움이 없는 것은 궁극적인 법法이 아니라서

최상의 쓰디쓴 번뇌를 받게 되리니

이런 까닭에 저 지혜로운 사람은

죄업을 언제나 멀리 여읜다

241.

若人具慈心이면   則不造諸罪리니
약 인 구 자 심   즉 부 조 제 죄

爲惡自招殃하고   不作則不受리라
위 악 자 초 앙   부 작 즉 불 수

어떤 사람이 자비심을 갖추면

갖은 죄업을 짓지 않으리니

악업을 행하면 앙화殃禍[66]를 자초하고

짓지 않으면 받지도 않으리

242.

常造諸罪惡은   依邪師邪敎니
상 조 제 죄 악   의 사 사 사 교

若離彼二種이면   善住眞實道리라
약 리 피 이 종   선 주 진 실 도

항상 온갖 죄악을 짓는 것은

삿된 스승과 삿된 가르침에 의지해서이니

---

66 ①죄의 앙갚음으로 받는 재앙. 죄업으로 인하여 받게 되는 고통. ②모든
재앙과 액화厄禍. 재앙은 천변天變·지이地異로 인하여 받게 되는 불행한
사고, 액화는 모질고 사나운 운수로 인하여 몸과 마음으로, 또는 하는 일
에 뜻밖의 변고를 당하여 받게 되는 괴로움이나 피해.

만일 저 두 가지를 여읜다면

진실한 도道에 잘 머무르리다

243.

愚夫不覺知면	樂造諸惡行하나니
우 부 불 각 지	낙 조 제 악 행

若離彼過失하면	常生於勝處로다
약 리 피 과 실	상 생 어 승 처

어리석은 범부가 법을 깨닫지 못하면

즐겨 갖은 악행을 짓나니

만일 저 과실을 여읜다면

언제나 수승한 처소에 날 것이다

244.

若樂作衆罪면	定爲業所牽이리니
약 락 작 중 죄	정 위 업 소 견

不怖後輪迴면	於人身難得이리라
불 포 후 윤 회	어 인 신 난 득

즐겨 갖은 죄업을 짓는다면

정녕코 업력에 견인되리니

뒤따르는 윤회생사를 두려워하지 않으면

사람 몸을 받기 어려우리라

245.

若人怖諸罪면　　多樂作諸善커니
약 인 포 제 죄　　다 락 작 제 선

彼能趣菩提면　　得最上妙樂이리라
피 능 취 보 리　　득 최 상 묘 락

어떤 사람이 온갖 죄업을 두려워하면

다분히 뭇 선업을 즐겨 지어야 하거니

그가 능히 보리도를 취하면

최상의 묘약을 얻는 것이리라

246.

若能離諸過면　　能修諸善業이리니
약 능 리 제 과　　능 수 제 선 업

是人於世間에　　獲第一福報리라
시 인 어 세 간　　획 제 일 복 보

뭇 허물을 여읠 수 있다면

갖은 선업을 닦을 수 있으리니

이러한 사람은 세간에서

으뜸가는 복의 과보를 획득하리라

247.

善降伏諸根이면　　爲世所尊重되며
선 항 복 제 근　　위 세 소 존 중

盡此一報身이면　　得生於天中하리라
진 차 일 보 신　　득 생 어 천 중

여섯 감각 기관[67]을 잘 항복 받으면

세간에서 존중 받게 되며

이 한 생 업보의 몸을 마치고 나면

천계天界에 나게 되리라

248.

若人鮮福德하면　　無初中後善이니
약 인 선 복 덕　　무 초 중 후 선

罪惡常增長하면　　則墮於地獄하리라
죄 악 상 증 장　　즉 타 어 지 옥

어떤 사람이 복과 덕이 적으면

처음에도 중간에도 끝에도 선업이 없으려니

죄악이 나날이 늘어나다 보면

지옥도에 떨어질 것이다

67　육근六根, 즉 눈(안眼)·귀(이耳)·코(비鼻)·혀(설舌)·몸(신身)·마노(의意).

249.

若造作衆罪면　　　自招其惡果리니
약 조 작 중 죄　　　자 초 기 악 과

作善如所見이면　　　定受於樂報리라
작 선 여 소 견　　　정 수 어 낙 보

만일 뭇 죄업을 지으면

그 악한 과보를 자초하리니

보이는 것에 따라 선업을 지으면

정녕코 낙보樂報를 받으리라

250.

由不善種子로　　　後生於險難커니
유 불 선 종 자　　　후 생 어 험 난

如昔所作業으로　　　因果皆相似리라
여 석 소 작 업　　　인 과 개 상 사

선하지 못한 종자로 말미암아

뒤에 가서는 험난한 길에 나게 되거니

예전에 지어진 업보대로

인과因果가 다 비슷하리라

251.

衆生墮惡趣는　　皆由罪所召니
중 생 타 악 취　　개 유 죄 소 소

如魚吞彼鉤여서　　無因而得免이리
여 어 탄 피 구　　무 인 이 득 면

중생들이 삼악도三惡道에 떨어지는 것은

다 죄업이 초래함을 말미암는 것이니

물고기가 낚시바늘을 삼킨 것처럼

인과는 면할 수 없으리

252.

罪爲苦之根일새　　畢竟當除斷이리니
죄 위 고 지 근　　필 경 당 제 단

衆生常染習은　　如具隨不淨이로다
중 생 상 염 습　　여 구 수 부 정

죄업은 괴로움의 근본이기 때문에

끝끝내 끊어 없애 버려야 하리니

중생들이 언제나 오염되고 훈습됨은

부정不淨을 빠짐없이 따르는 것 같도다

253.

常習當愛樂하니　　能破諸惡業이니라
상 습 당 애 락　　　능 파 제 악 업

譬如壓胡麻라도　　華壞香不散이니라
비 여 압 호 마　　　화 괴 향 불 산

마땅히 자애慈愛의 낙보樂報를 항상 익혀야 하느니

능히 갖은 악업을 타파하리라

예를 들자면 참깨를 눌러 놓아

꽃이 짓이겨져도 향기는 흩어지지 않음과 같다

254.

常樂著五欲하면　　散亂無安忍이리니
상 락 착 오 욕　　　산 란 무 안 인

懈怠虛妄言하면　　彼則定無善이리라
해 태 허 망 언　　　피 즉 정 무 선

맨날 즐겨 오욕五欲에 집착하면

산란하여 안정된 인욕忍辱이 없으리니

게을리 허망한 말을 하면

그들에게 정녕코 선업은 없으리

255.

若造衆惡者면　　如長夜黑暗이듯하고
약 조 중 악 자　　여 장 야 흑 암

若安住善法하면　　如旭日出現이리라
약 안 주 선 법　　여 욱 일 출 현

하고많은 악업을 지으면

기나긴 밤이 깜깜한 것처럼

선법善法에 안주한다면

해가 솟은 한낮 같으리라

256.

若人無嫉妬면　　此爲善淨行이요
약 인 무 질 투　　차 위 선 정 행

愚癡作衆罪면　　彼則常忿怒리라
우 치 작 중 죄　　피 즉 상 분 노

어떤 사람이 질투심이 없으면

이 일은 선한 청정행이요

어리석음으로 숱한 죄업을 지으면

그 일은 빈번한 분노행이리

257.

如舡載少物하면　　所至則能浮듯
여 강 재 소 물　　　　소 지 즉 능 부

衆生罪若輕하면　　則免沈諸惡하리라
중 생 죄 약 경　　　　즉 면 침 제 악

배에 적은 짐을 실으면
이르려는 곳마다 잘 떠가듯이
중생들도 죄업이 가벼우면
뭇 악업에 빠지는 것을 면하리라

258.

遠離惡知識이면　　常獲諸快樂이거늘
원 리 악 지 식　　　　상 획 제 쾌 락

於彼若隨順하면　　則受諸險難이리라
어 피 약 수 순　　　　즉 수 제 험 난

악지식惡知識[68]을 멀리 여의면
언제나 갖은 심신의 기쁨과 즐거움을 누리겠거늘
저 악지식을 따르면
항상 온갖 험난한 과보를 받으리

68　각주46 참조.

259.

善了知業報면　　離微細毀犯이리니
선 료 지 업 보　　　이 미 세 훼 범

是人不著罪하여　　如空泥不染이리라
시 인 불 착 죄　　　여 공 이 부 염

업보를 매우 명료하게 알면

선업을 헐고 해치는 미세한 뜻마저도 여의리니

이런 사람은 죄업에 천착하지 않아

허공이 진흙탕에 물들지 않음과 같으리라

260.

未聞者令聞하며　　聞己能憶念이면
미 문 자 령 문　　　문 기 능 억 념

惡趣尙生天커늘　　何況具智者리오
악 취 상 생 천　　　하 황 구 지 자

미처 듣지 못하던 자도 듣게 하여

듣고 나서 능히 새겨 잊지 않으면

삼악도에서 오히려 천상에 나겠거늘

하물며 지혜를 갖춘 이에 있어서랴

佛子行願
불 자 행 원

玉堂一休 頌
옥 당 일 휴 송

歸命禮三寶하고　稱嘆諸知識하나이다
귀 명 례 삼 보　　　칭 탄 제 지 식

修習人天道하고　棄捨三惡途하리이다
수 습 인 천 도　　　기 사 삼 악 도

行施止慳貪하고　虛心離瞋恚하리이다
행 시 지 간 탐　　　허 심 이 진 에

普行得三學하고　成就今樂報하리이다
보 행 득 삼 학　　　성 취 금 낙 보

귀명하며 삼보님께 예경하옵고

선지식들 두루두루 칭탄합니다

천상이나 인간의 길 닦아 익히고

축생 아귀 지옥의 길 버리오리다

보시하여 욕심내는 마음 그치고

마음 비워 성내는 맘 여의리이다

계정혜를 터득하여 두루 행하고

금생에 낙보를 성취하리다

諸法集要經卷第六

鴈

諸法集要經卷第六

觀無畏尊者集

西天譯經三藏朝散大夫試鴻臚卿宣梵大師賜紫沙門日稱等奉　詔譯

福非福業品第十三

所造作諸業　謂福及非福

定各招其報　愚夫心如魚

依愛波而住　能尋著自青

舍笑造諸惡　悲啼而自受

昔同造諸罪　彼則無相代

謂僕使營從　後受其苦報

由親眷朋屬　和合造眾罪

於佗世相隨

唯所作惡業　如花所至處

其香不捨離

善惡業亦然　在處常隨逐

眾生由自業

因果常相應　作善生諸天　而受殊勝樂
若惡業果報　則受極重苦　墮三惡趣中
彼苦無相似　謂由彼三業　造作遍三界
常起於三毒　則墮三惡道　諸愚夫異生
由因緣和合　流轉三界中　皆隨於自業
非自作佗受　非佗作我受　當知所造業
招報唯決定　業雖有眾多　受處有其九
由彼互相資　成四十種惡　自造作一業
竟受其一報　墮於險道中　則無其伴侶
或為佗勸請　而造作惡業　後受苦報時
彼則不能救　業熟非初後　及此生佗世
謂於此造作　或於餘處受　由善惡業故

隨輪迴流轉　為業風所吹　而招苦樂報

愚夫心散亂　於欲常樂著　無正慧揀擇

諸惡則增長　彼著樂眾生　為癡之所覆

惡報現其前　則隨黑暗處　由於佛正法

心不生怖樂　在彼地獄中　長時受其苦

從無始輪迴　為業網纏縛　此滅彼復生

皆由心造作　或從天墮落　或地獄生天

或生於人中　或受餓鬼報　謂彼苦樂因

皆由己所造　各互相生起　非自在天作

輪迴生死中　造無數惡業　唯佛當證知

餘智不能了　若非法招善　此因為顛倒

當知所受果　皆與因相似　若因果相應

則順於正理　是有爲諸法　無不從緣起

未見無罪者　而趣於地獄　定由惡業故

則受其苦報　決定造諸惡　堅著而無悔

被爲業所縛　則墮於惡道　未見不善業

引生於樂果　唯佛眞實言　示彼對治道

智燈有光　如由業招報　諸有所作者

皆因緣生故　謂由彼彼因　各各果隨轉

善達如是相　則名眞實見　非同自在天

無因而建立　諸法皆緣生　是如來所說

由無始輪迴　業報常相似　非顛倒分別

從因緣而有　眾生癡所迷　於愛欲無猒

若不了業報　何由獲寂靜　若人於佛教

不違道非道　由凝無止慧　常生於熱惱

見彼如意樂　彼樂從因生　諸法皆唯心

各各隨自行　有為皆無常　如水泡非久

應當當行善行　為二世饒益　觀世間業報

及諸天退墮　若樂放逸者　彼定無少樂

業素極僮長　堅固而難脫　纏縛彼愚夫

去世菩提則遠　智慧如利劍　於彼能除斷

離愚癡熱惱　令至於彼岸　由業受彼果

隨善惡相應　智者不暫忘　因果常決定

由因緣和合　生肢分骨鏁　纏縛諸有情

6

輪迴無解脫　由彼纏縛故　逼迫難堪任
當修解脫因　得盡諸苦際　彼業善鉤名
復能拔眾生　於在所生處　隨業而受報
彼業果如輪　於三有旋轉　當離諸過惡
常修殊勝行　布施如淨器　貯戒勤慧水
智者善持用　滅三有業火　若縱彼三業
三毒則隨轉　馳騁三界中　由癡三種行
一切諸眾生　為苦所逼迫　皆隨自作業
常依止而住　若無彼善因　何能有少樂
隨業受彼報　如種生其果　又如陽春時
能滋榮卉木　彼果從因生　無因則不起
為業索所拘　百千生往返　如世間車輪

由機關而轉　彼三毒堅牢　衆生難出離

離貪瞋等過患　則善超三有　若人慶快心

愞彼殘勝行　以是因緣故　受莊嚴勝報

業如彼畫師　善圖諸形像　或天上人間

所畫無不盡　彼畫無數量　皆由業轉化

不施衆彩飾　亦無能見者　譬毀畫亦無

畢竟此皆散壞　此身雖滅謝　彼業則長在

衆生凝所覆　爲業所籠縛　無始生死中

如陶輪常轉　如風日煙塵　於畫則能損

彼所招業緣　未常而暫弃　當觀察過去

所造諸不善　於在在處處　隨作而自受

謂於上中下　諸微細惡業　能采令解脫

是最上智者　又彼諸有情　造作善不善

於樂及非樂　決定當獲得　若違苦佛言

彼人為愚癡者　於無量苦惱　長時無解脫

當由智慧行　由染慧分別　造無量惡業

天人阿脩羅　地獄鬼畜生　皆由彼業故

各各往諸趣　受報惡知見　若人造善業

後得生人天　不善溺三塗　如俳優更服

業線極堅長　遍縛於三有　眾生由自業

如輪依車輞　或生於天中　或沈於險難

輪回不暫停　隨業而受報　有情生天中

皆從善業得　如妙色蓮華　出清淨池沼

若人造善業　決定非破壞　常生於勝處

感果得如意　愚夫不脩因　而妄希樂報

譬如於沙中　求酥不可得　若脩彼善因

則生於快樂　無因獲報者　如離樹求果

眾生由業故　受報而無定　如擲沙空中

隨風而飄墮　彼眾散因緣　苦樂亦復尔

皆由業所牽　於罪不應造　無邊業種子

慶化六道中　皆從心所生　是佛眞實說

是心難調伏　樂造作諸業　如彩畫眾生

唯佛能知見　如一穀種子　能生百千萬

是業鋼亦然　無能測量者　如線繫於禽

雖翔復能至　彼業拘眾生　徒返亦如是

愚夫無正見　不達罪福相　循環三有中

唯苦為己有　若了善惡業　則悟生滅法

斬為已其實人　能到於彼岸　若離善知識

則親近惡友　棄法貪世財　不信後苦果

由一不了業報　則不知罪福　彼愚癡有情

長受於熱惱　世智生我慢　常說無義言

不悟業因緣　常受輪迴苦　如人久囚執

偶得其釋技　彼親眷朋屬　喜樂相慶慰

猶處地獄中　業盡得解脫　由先善業力

得生於天上　受天中快樂　具無量莊嚴

於彼復修因　轉生其勝處　彼若不備善

業盡即退墮　衰相現其前　如油盡燈滅

此滅彼復生　循環於三界　隨業風所吹

何由能出離　若人智自在　則不著輪廻

不爲彼業繩　少分而纏縛　假使蓮華絲

積如須彌量　彼業索亦尒　無能縛智者

智者處輪廻　如須彌不動　遠離諸憂惱

解脫諸恐怖　如諸佛所見　因果常相似

若作業廣大　彼報亦同等　數數造諸業

各各受其果　由如是造作　則爲彼纏縛

若造善業故　定獲彼勝報　色力命嚴身

爲人之所敬　福業豈能久　倏尒若燈光

彼業報雖差　皆隨心造作　一切諸眾生
業盡命必喪　身為火所燒　無有少安住
又彼諸眾生　由心界差別　各造作諸業
為三有纏縛　世間癡癡人　由行不善道
級希於樂報　如攬水求火　若無所作善
樂果則不生　常樂放逸者　決定無功德
為業索所牽　暗鈍無知覺　彼索無能斷
苦盡方解脫　眾生由業故　於輪迴往返
見此滅彼生　皆從因所得　愚夫著五欲
未嘗生覺悟　由貪愛相資　何窮苦邊際
愚夫無猒足　樂作諸欲樂　由彼無猒故
則自取義滅　於現生福報　業盡樂亦亡

由多作放逸　臨終始覺知　起無量分別

造彼種種業　各隨業因緣　而受其果報

眾生為業驅　或為業所招　或生於快樂

或招於苦報　若得生天中　受五欲妙樂

福盡而退墮　及此無能救　又彼輪迴因

皆從虛妄起　佛以已具實見　示解脫正道

昔脩諸善業　戒定慧相應　此非輪迴因

安住清淨樂　是福報無盡　不應作放逸

當畢竟一心　增修殊勝行　若人具福報

當遠諸不善　為善躋聖道　作惡招殃咎

若人作善行　勇悍無退屈　常獲寂靜樂

能趣菩提道　若人著放逸　樂作諸不善
彼福則隨減　當墮於惡道　是業如鞦韆
皆從心變化　眾生癡所誑　常依彼而轉
生死其如輪　十二處如輻　旋轉於世間
皆為心所使　由心造善業　引生於天中
為境界所迷　不思惟後苦　於樂及非樂
當審慮而行　苦樂業雖殊　皆從因緣起
世間無有樂　皆為業所牽　樂壞苦現前
由心而造作　眾生由業風　吹至所生處
於彼生愛樂　則為業所拘　唯善不善業
後世常相逐　猶如揉其花　彼香則隨至
眾生自業使　隨生滅流轉　譬若彼鞦韆

昇墜無休息　於天人脩羅　六趣而往返

齋癡之所覆　不生真實見　又如世間輪

依手而旋轉　彼爲業所催　速疾無與等

由業之所纏　十二支和合　是名緣生輪

世間無知者　諸天癡所覆　常著於欲境

唯業果長存　彼樂無積聚　彼不知善業

如良藥明燈　除暗獲輕安　能爲作歸救

受難堪極苦　及種種怖畏　是業有大力

而不生疲勞　天滅生人中　人歿隨地獄

獄出作傍生　復墮於鬼趣　皆由彼業風

飄轉而無定　彼愚癡衆生　未嘗生覺悟

衆生乘業專　能行於三界　餘乘則不然

速疾無相似　若所作清淨　則受其福報

唯於彼現生　則知其自業　彼業如彩繪

皆從心所起　所畫無不周　長時而不滅

謂廣大福報　皆從業所生　福業若盡時

彼樂則散壞　於善若不廢　彼樂則增長

是故於善因　展轉常脩作　於彼百千生

受形軀骨鎖　為業之所纏　曾無安樂想

若造種種因　則受種種報　當於此生中

勤脩諸善行　業盡極工巧　皆依心造作

業盡果則亡　剎那不久住　唯自業為親

於佗何所得　善調伏其心　如理而安住

以業自莊嚴　則非餘所作　於百生千生
而未曾暫捨　若了知生滅　及真實因果
則離諸罪垢　得至不滅處　所造作諸業
迂曲常相隨　如輪依彼輪　於世間旋轉
當以慧揀擇　如理而修作　是為調御師
永脫諸煩惱

教示衆生品第十四

調貪恚癡垢　及老病死苦　此六如深寃
能損諸含識　又五境如賊　能劫功德財
初如彼親朋　後則為寃害　由心生放逸
於欲境馳騁　能令諸衆生　趣地獄餓鬼

貪為其熾火　嗔則如彼冤　黑暗說為癡

是三皆可畏　謂三十六業　及彼四十行

九十八煩惱　周遍於三界　離於十二因緣

一百八煩惱　善解法非法　常獲無畏藥

於十六現觀　及彼十六空　了我法二相

是名為智者　善達道非道　及彼四究竟

解脫四瀑流　能滅諸罪垢　修習八聖道

出二種生死　顯現彼十力　得證菩提果

明真俗二諦　及彼四念處　除三際無知

不為魔所伏　是五欲境界　初甘後則苦

令隨諸險難　是故常遠離　以正智思惟

伏斷諸煩惱　斯為具智人　世世常安隱

19 범왕사 소장 제법집요경 원본

智能斷諸惑　猶火焚乾薪　正智若增明
令三寶顯現　若樂智境界　常住寂靜法
煩惱如毒蛇　則能害諸善　若具真實見
能利於自作　離老死過患　住最上寂靜
若樂於輪迴　常為彼纏縛　是煩惱冤賊
遍三有逼迫　若人知佛教　為眾生演說
常俯純淨行　得生於梵天　若厭離三毒
常供養諸佛　破壞彼輪迴　如燃於槁木
若人知苦因　而不造諸罪　無量煩惱聚
於彼無能縛　智為勝光明　癡為極黑暗
若能善分別　此說為智者　若離癡過失

則無諸險難　為癡之所覆　何能得解脫

寧觸於猛火　及毒虵共劇　善求寂滅樂

不應與癡俱　愚人無正智　如盲處黑暗

不怖畏輪迴　常造非法行　眾生為癡誑

常起於愛染　受世間貧窮　為衰老逼迫

由三世業果　從地獄生天　或天墮畜生

或受餓鬼報　眾生由彼貪　隨業往諸趣

復為癡習拘　輪迴三有海　無始造諸罪

受種種生死　由彼慣習故　曾不生疲倦

諸天為樂損　人世匱之苦　地獄常燒然

傍生互相敢　餓鬼飢渴逼　皆由彼癡故

長處於輪迴　何曾有少樂　愚癡著欲染

宋土張　鴈　河沒

由樂而受苦　不近善知識　無正法救護

若人具實　常樂聞正法　脩習諸禪定

彼則無憂苦　諸佛宣正法　如燈常照明

慈念諸衆生　過如彼父母　衆生由三因

造三種過失　循環三界中　三受常相逐

由三業所起　趣三惡險難　衆生著樂故

馳騁於三有　若尊重三寶　當得三菩提

遠離三種見　則不生諸苦　於彼晝夜中

三時常觀察　謂彼老病死　三種過失藏

三業離邪思　善住三平等　不著於輪迴

永離諸憂惱　於彼道非道　及空有等相

慈心善觀察　當證無上道　是人意清淨

不關諸染欲　永離諸垢濁　得解脫安樂

離三有貪求　常生於正念　是人於正道

決定無退轉　衆生癡所蔽　於智不通達

起無旦異貪愛　常為苦纏縛　懈怠無慚愧

習近惡知識　為地獄種子　智者善防護

由彼無慚愧　常造作衆罪　後墮於險道

洗生於悔惱　起憍慢嗔恚　嫉妬幷覆惱

愚癡無信根　何能生善道　嗜酒復貪財

起邪見妄語　常行穢善因　定招地獄報

邪見障諸善　不應起少分　如是愚癡人

自投險惡道　謂起邪見者　非因而計因

23 범왕사 소장 제법집요경 원본

彼為自欺誑　沈淪無出期　若人著邪見

後脩其苦行　誑惑於他人　愚癡生我慢

自愚癡黑暗　溺生死大海　是人無正因

以苦欲捨苦　隨彼外道說　灸身求出離

智者令灸心　則能燒諸惑　若具脩正智

能破諸煩惱　是名真丈夫　得離諸苦際

樂著世名聞　而互相諂讚　彼清淨菩提

非邪見所得　於善不勤脩　心常生掉舉

貪著利養故　捨離彼淨戒　樂著於酒味

好侵於外色　殺害諸眾生　由此墮地獄

親近惡知識　起邪見兩舌　不獲諸威儀

三業多毀犯　由我慢無明　所說無慙愧實

於此世作生　何能得快樂　爲衆苦沉溺

此滅彼復生　如諸佛所說　皆由無明行

若人起我慢　邪慢增上慢　此爲苦根本

畢竟見常遠離　樂造作諸惡　無初中後善

隨彼無明流　入生死大海　若人具勝智

善息除煩惱　能解一切縛　得至不滅劇

由修勝智故　則能斷諸惑　此說煩惱縛

由智得解脫　諸煩惱如薪　智火燒永盡

若樂欲境界　何能離纏縛　五欲爲重瘴

能復於智眼　常令諸衆生　壞說法正道

於善說法者　當一心諦聽　是人爲法將

能敵諸魔軍　謂於四顛倒　及世間八法

自不生正慧　則為彼欺誑　五欲如迅流

漂淪難出離　當以智舡筏　於彼能超越

由彼愚癡心　常樂著諸欲　輪迴五趣中

何能得解脫　不如理作意　如火常熾然

若如理而行　如甘露除熱　謂積集無明

從久遠生起　以一智明燈　破滅令不現

若人具正智　則能趣涅槃　無智縱貪癡

則生於懈怠　若具智光明　壞三毒黑暗

是故當一心　持戒脩淨智　常以大智火

焚燒諸惑薪　若無此善根　為三毒所損

衆生縈迴疾　僵卧命將終　癡迷無所依

眷屬徒悲惱　由多作放逸　常樂愚癡行

為無量惡因　受衆苦逼迫　是三毒過患

損惱諸衆生　若正智相應　於彼悉除遣

當知彼智火　能焚煩惱山　惑業既無餘

常棲寂靜樂

說罪品第十五

謂由彼作意　常造諸罪惡　愚癡不了知

徒生於後悔　衆生造諸罪　皆受於苦報

是故當遠離　常求於樂果　初雖作少罪

後則墮險道　由癡覆彼心　出已而復造

小罪不防護　皆為地獄因　譬如微少火

能燒於山林　由罪生惡趣　受極重苦惱

彼於已如冤　何能得寂靜　若人造諸罪

則無有少樂　若樂求樂者　當修諸善行

作善稱善哉　造惡皆輕毀　備福乃為難

於罪何容易　若見造非法　生劣心邁喜

由彼無智故　受苦復過是　若人造眾罪

積集諸果報　是苦難堪任　於惡不應作

由造眾惡故　定受其惡報　是故當遠離

不作則無咎　若不怖諸罪　則習近惡友

由自造作故　感果非佗受　行善招善果

作惡受惡報　若造眾罪者　於善則無有

若人著邪見　展轉生諸罪　雖刀杖火坑

無與彼相似　若人離眾惡　常脩於善行

身語意清淨　去善提不遠　若樂造諸惡

受極重苦惱　非由造惡故　而能得樂果

若樂脩諸善　得最上快樂　此善非苦因

無顛倒受者　從無始劫來　爲善得樂報

若造彼惡因　定獲於苦果　爲善親良朋

造罪近惡友　憎嫉賢善人　彼則墮惡道

心若樂脩善　則遠諸罪惡　是人於善提

弊掌中系遠　謂於所脩作　初中後皆善

能生於樂報　捨此則不然　是故遠諸罪

令善常相續　能離彼惡者　常獲於快樂

無始生死中　數數受諸罪　愚夫癡所使

而不生疲厭　著欲造諸惡　不知後苦果

暫生於適悅　長時受苦惱　樂作諸罪者

世間共輕鄙　是故離諸惡　於善無令廢

無益非究竟　受最上苦惱　是故彼智者

於罪常遠離　若人具慈心　則不造諸罪

為惡自招殃　不作則不受　常造諸罪惡

依邪師邪教　若離彼二種　善住已寶道

愚夫不覺知　樂造諸惡行　若離彼過失

常生於勝處　若樂作眾罪　定為業所牽

不怖後輪迴　於人身難得　若人怖諸罪

多樂作諸善　彼能趣菩提　得最上妙樂

若能離諸過　能脩諸善業　是人於世間

後第一福報　善降伏諸根　為世所尊重

盡此一報身　得生於天中　若人鮮福德

無初中後善　罪惡常增長　則墮於地獄

若造作衆罪　自招其惡果　作善如所見

定受於樂報　由不善種子　後生於險難

如昔所作業　因果皆相似　衆生臨惡趣

皆由罪所召　如魚吞彼鉤　無因而得免

罪為苦之根　畢竟當除斷　衆生常染習

如具隨不淨　常習當愛樂　能破諸惡業

譬如麤胡麻　花壞香不散　常樂著五樂

散亂無安忍　懈怠虛妄言　彼則定無善

若造衆惡者　如長衣黑暗　若安住善法

如旭日出現　若人無嫉妬　此為善淨行

愚癡作衆罪　彼則常念怒　如舡載少物

所至則能浮　衆生罪若輕　則免沉諸惡

遠離惡知識　常獲諸快樂　於彼若隨順

則受諸險難　善了知業報　離微細毀犯

是人不著罪　如空泥不染　未聞者令聞

聞已能憶念　惡趣尚生天　何況具智者

諸法集要經卷第

甲辰歲髙麗國大藏都監奉

勅彫造

33 범왕사 소장 제법집요경 원본

● 기획

금하원욱金河元旭

1968년 계룡산 갑사 입산, 금정산 범어사에서 득도

1976년 금강승(금강영관) 제1기 수료[양익스님]

1980년 금정산 범어사승가대학 졸업

1981년 세종문화회관 전통불교무술 시범 대표

1984년 황악불교전문학림 불교전문 강사과정 졸업 및 전강[관응스님]

1985년 대만 불광산사 국제대학 수학

1990년~1994년 서울 삼각산 금선사 주지

1992년 서울시경 특수형사기동대 무술지도

1993년 대한불교조계종 금강승선관무회 회주

1994년~2006년 호암산 호압사 주지 3임

1997년 경찰청 경승 부실장

2001년~2012년 전통무예연합회 회장

2002년 서울 남부경찰서 경승실장

2002년 제1회 21세기 한국인상 수상(사회체육부문)

2002년~현재 사단법인 금강승선관무회 회주

2016년 남양주 무량사 주지

2006년~현재 양평 삼각산 범왕사 회주

● 역주

옥당일휴玉堂一休

1972년 동국대학교 불교학과에 입학하였다.

1976년 봄 동래 범어사에서 한산화엄寒山華嚴 스님을 은사로 득도得度하
였다.

1978년 5월 그믐날 새벽 연기緣起의 상대적相對的 이로理路를 통찰한 이
래 이류중행異類中行하며 자증自證하였다.

1979년 불교학과를 졸업하고 별도로 한문학을 私淑사숙하였다.

1991년 동국대 불교대학원 연구과정을 수료하였다.

2003년 6월 이래 법회연구원 원장직을 수행하고 있다.

2013년 3월 동방불교대학 역경학과 교수로 부임해 후학을 지도하였다.

2005년 3월 서울 성북구 성북동 약사암에 반야도량 경산강원京山講院을
개원하고 강주로 부임한 이래 오늘에 이르고 있다.

편역서로『초발심자경문』,『신행요집』(共編),『염불왕생문』(共編),『역주
치문경훈』(共編),『신심명 · 증도가』,『서장』등이 있으며,『불타 석가모니』
(전3권)와『화엄경』(전10권) 등을 만화로 펴내기도 하였다.

범왕사 소장본 제법집요경 풀이

행이 깨끗하면 복은 저절로

초판 1쇄 인쇄 2019년 5월 3일 | **초판 1쇄 발행** 2019년 5월 10일
금하원욱 기획 | 옥당일휴 역주 | 펴낸이 김시열
펴낸곳 도서출판 운주사

(02832) 서울시 성북구 동소문로 67-1 성심빌딩 3층

전화 (02) 926-8361 | 팩스 0505-115-8361

ISBN 978-89-5746-549-3 03220   값 14,000원

http://cafe.daum.net/unjubooks 〈다음카페: 도서출판 운주사〉